悦读历史小丛书

中国古代文化

工巧篇

王振铎——著

华夏出版社

图书在版编目（CIP）数据

中国古代文化．工巧篇／王振铎著．――北京：华夏出版社有限公司，2022.10

（悦读历史小丛书）

ISBN 978-7-5222-0261-7

Ⅰ.①中… Ⅱ.①王… Ⅲ.①中华文化-文化史-研究-古代 ②手工业史-中国-古代 Ⅳ.① K220.3 ② N092

中国版本图书馆 CIP 数据核字（2022）第 008104 号

中国古代文化·工巧篇

著　　者	王振铎
责任编辑	刘　伟
封面设计	李媛格
责任印制	周　然

出版发行	华夏出版社有限公司
经　　销	新华书店
印　　装	三河市少明印务有限公司
版　　次	2022 年 10 月北京第 1 版 2022 年 10 月北京第 1 次印刷
开　　本	787×1092　1/32
印　　张	7.75
字　　数	147 千字
定　　价	49.80 元

华夏出版社有限公司　地址：北京市东直门外香河园北里 4 号　邮编：100028
网址：www.hxph.com.cn　电话：(010) 64663331（转）
若发现本版图书有印装质量问题，请与我社营销中心联系调换。

知者创物，巧者述之，守之世，谓之工。百工之事，皆圣人之作也。

——《周礼·冬官考工记》

序　说

据说曾有一位日本青年到美国求学，看到物理教科书上的各种定律均为清一色的欧洲人所垄断，常常感到十分茫然：作为一个东方人，其智力程度是否能在科学上有所建树？困惑之余，他回到自己宿舍，重新细读《庄子》一书。读毕，他茅塞顿开，深感东方人的睿智可以同欧洲人匹敌。于是，他逐步克服了自己心理上的某些障碍，树立起坚定的信心，后来他终于获得了诺贝尔物理学奖。这虽然是一段故事，但至今仍对我们有启发意义。

自从实行改革开放政策以来，人们的视野逐步放宽，使我们看到世界科学技术日新月异、突飞猛进的飞跃。这种情况，常使我们的青少年朋友感到万事不如人，因而也渐渐形成了一种特有的心理障碍。然而，如果我们认真读一些历史教科书，情况并非完全如此。纵观我们中华文化，立即会感到它的博大精深，源远流长；有文字可考的历史达四千余年，有文物可考的历史可达七千余年，甚至可以推到更为久远的年代。其文化成就灿烂辉煌，可与日月同辉。我们试图通过展示中国古代能工巧匠制造的玉器、铜器、陶瓷、漆器、丝织、古建筑等，说明我国先民在物质文化史方面的成就，以证明我们民族的智巧和中国传统工艺的精美绝伦，使我们能在西方文化的猛烈冲击下，保持一种正确的心态。更希望青少年朋友带着批判精神，努力发现我们传统文化的缺陷和弱点及其成因，以便在科学与理性的基础上，再造中华文化。

书稿中列举的每一部分，在科学史上都是一门专门的学科，作者把历史学家、考古学家和其他学科的研究成果撷其精要，编缀成篇，供青少年朋友飨读。借此向有关学者表示衷心的谢意。

鉴于作者患有心脏病，文字部分由中国历史博物馆李强同志撰写。

目 录

序说

玉器

 从石器到玉器 / 001

 什么是玉器 / 004

 良渚文化中的玉器 / 006

 绚丽多彩的殷商玉雕：妇好墓中的玉器 / 010

 汉代的葬玉：金缕玉衣 / 013

 明清的玉制工艺品 / 016

铜器与铁器

 中国青铜器的起源 / 020

 青铜器的分类研究及青铜器的意义 / 021

 青铜器的铸造与"六齐"规律 / 022

 浑厚雄奇的后母戊大鼎 / 025

 形象逼真的四羊方尊 / 026

 大盂鼎与毛公鼎 / 028

春秋铜禁与战国曾侯乙尊、盘 / 031

西汉车饰和东汉牛灯 / 034

唐代的金银器 / 037

铁器的起源和早期铁器 / 039

竖炉炼铁和鼓风装置 / 041

卅炼大刀与百炼钢 / 043

大型铸件：沧州铁狮与当阳铁塔 / 045

綦毋怀文的宿铁法和双液淬火 / 047

陶瓷

陶器与瓷器 / 050

仰韶文化中的彩陶 / 053

黑陶与白陶 / 056

原始瓷器与青瓷 / 058

唐代的白瓷与三彩 / 061

宋代的五大名窑 / 063

深受人们喜爱的青花瓷 / 066

明清：中国瓷器全盛时期 / 068

中国制瓷技术的传播 / 070

漆器

漆器，中国人民的重要发明 / 073

汉代的漆器 / 075

金银平脱、剔红和犀皮 / 078

　　填漆、螺钿与百宝嵌 / 081

　　《髹饰录》：我国仅存的漆工专著 / 083

　　漆艺的东传：日本漆器 / 085

　　一代名匠卢葵生 / 088

　　清代造办处的漆器制作 / 091

丝织

　　丝织，中国古代劳动人民对世界的杰出贡献 / 093

　　新石器时代的纺织 / 094

　　殷商的丝织品 / 096

　　汉唐：丝织业的鼎盛时期，丝绸之路的开拓与形成 / 097

　　薄如蝉翼轻如烟：马王堆汉墓出土的纱罗 / 099

　　日本正仓院中的唐代衣物 / 102

　　画入织物的缂丝 / 104

　　中国三大名锦：蜀锦、云锦和仿古宋锦 / 105

　　丝织品的染色：蜡缬、夹缬和绞缬 / 108

　　丰富多彩的刺绣 / 110

　　中国古代的织机 / 112

古建筑

　　中国古代建筑的历史演变 / 116

　　木结构的建筑技术 / 118

中国古典建筑的审美情趣 / 120
万里长城：中国的象征 / 122
古代的宫殿 / 124
寺塔建筑 / 127
丰富多彩的民居住宅 / 130
石建筑与赵州桥 / 132
如诗如画的园林艺术 / 135
李诫与《营造法式》/ 137

水利

水利工程与水力机械 / 140
都江堰 / 143
郑国渠 / 145
灵渠 / 147
大运河 / 149
治理黄河 / 151
水力机械 / 153

天文仪器

天文观测与天文仪器 / 157
圭表 / 159
托克托日晷 / 161
单漏和复漏 / 163

浑仪 / 164

浑象 / 166

水运仪象台 / 168

假天仪 / 172

简仪 / 174

车船

中国早期的车 / 178

轮轴机械与杠杆机械 / 180

鹿车 / 182

马车与牛车 / 184

秦始皇陵的铜车马 / 186

独木舟和木船的起源 / 188

水密舱壁 / 189

中国的沙船 / 191

郑和宝船的尺寸 / 193

双层板底船 / 194

指南针用于航海 / 196

奇器

奇技与淫巧 / 199

古代的欹器 / 201

连发弩机 / 203

西汉透光镜 / 205

《抱朴子》中的飞车 / 207

指南车与记里鼓车 / 209

巧人耿询 / 212

发明家黄履庄 / 213

郑复光与《镜镜诊痴》/ 216

中国早期的望远镜 / 218

结束语

中国古代科学技术的光辉成就 / 221

中国科学技术自身的缺陷 / 224

文化背景：中央集权制与伦理治国 / 228

中国的士与匠 / 231

传统文化中的科学精神 / 233

玉 器

从石器到玉器

中国的青铜器、玉器、铁器是中国古代物质文化生活中最优秀的组成部分。我们在介绍这些成果之前,先谈谈石器,因为人类使用石器的时代悠久而又漫长,它深刻地影响着后来的玉器和其他金属器具。

石器,即以石头为原料制作的人类最初使用的工具。石器的使用在人类历史上支配了很长时间,从开始到结束大约经历了二三百万年。人们把这一漫长的历史阶段称为石器时代。为了研究方便起见,人们又把这一历史时期划分为旧石器时代、中石器时代和新石器时代。

石器的制法,可以分为打制和磨制两大类,这两种制法支配了整个石器时代。

从考古的发掘资料来看，制作石器的原料大抵有以下几种：一种是硬度较大的矿物，如火石、浅燧石、玛瑙、黑曜石和玉石；另一种是硬度较大的火成岩，如玄武岩、辉长岩、流纹岩和绿辉岩。还有质地稍软的水成岩，如页岩、砂岩等。这些石料，有的来自山谷、河床和海岸，有的是地下开采的。一些很珍贵的石料，如软玉、绿松石、石曜石，有可能是通过贸易方式从远地交换而来的。

由于石器时代漫长，石器的类别和器形也比较复杂，即使同一个时代，不同地区、不同民族的石器也不尽相同。总体而言，石器的类别大致有如下几种：一是砾石石器，也称石核石器，即从砾石或石材打下石片，以剩下的石核作为石斧来使用；二是石片石器，系用石片或石叶加工而成，主要有刮削器、尖状器和雕刻器等；三是细石器，即一种细小的打制石器，如尖状器、钻等；四是磨制石器，这类器物更为复杂，砍伐工具有斧、锛、凿，用于木材的加工；农耕工具有铲、刀、镰、磨盘；兵器有镞、钺、戈、剑、矛头、锤斧和弹丸；装饰品有珠、管、坠、环、璜、玦等；还有璇玑、琮、璧等精致的玉器，这是商周礼器的前身。人们在使用石器的过程中，不断摸索，反复实践，终于使石器的器形相对稳定下来。当人们发现了铜、铁等金属材料后，依旧根据传统器形来铸造金属工具。通过比较研究，我们发现石器中的斧、锛、铲、镰、镞、矛头等重要器物，应是同类的青铜器和铁器的祖型。

从新石器时代后期，到被称作"青铜时代"的前期之间，还有一段似乎常常被人们遗忘了的时期，那就是玉器时期。中国古代能工巧匠的历史，可以从玉器时代说起。这个时代的特征是，农业、畜牧业已经有了坚实的发展基础，制陶、纺织等家庭手工业也已经初步形成，社会渐渐出现了权势人物和权势集团。他们可能是氏族领袖人物，领导和组织经济生活和军事生活，并拥有对神的解释权力。他们死后，往往把精美的玉制品放在自己躯体旁边。这是社会出现阶级萌芽状态的重要标志。要知道，我国虽然幅员辽阔，山川纵横，但是玉矿并不丰富。在金属工具出现之前，把玉矿加工成精美的玉制品是一件不容易的事情。由此可以得知，玉器是拥有财富、权力的一种象征。很早以前，玉被人们赋予了美德，玉器本身也就被神圣化了。

另一方面，石器已经伴随了人类达二三百万年。这个庞大的天文数字，代表着整整一个地质年代的历史变迁；人类全部的文明史与之相比，不过是一瞬间而已。在这漫长的岁月里，人们世世代代同石料和石器打交道，很自然同石器发生了极为深厚的感情。这种感情即使在铜器、铁器出现以后，仍然缠绵不断，人们依旧眷恋它们。当人们活着的时候，特别珍爱自己的工具，死后也要放在自己身边，这也算合情合理的事。玉是世间最美好的事物，用它来琢磨成器物放在死者身边，应被认作世间最崇高的事情。也许正是这种心态，我们在新石器时代的墓葬里，除了发现大批石器外，还常常看到一些玉制工具。这些工具做工精细，质地优良，并且没有使用过的痕迹，可见是死者生前的心爱之物。

什么是玉器

什么是玉？你也许会说，玉就是好看的石头吧！这种回答当然不算错，但并不科学，和古人的回答差不多。古人将一切温润而又有光泽的美石都称作玉。汉代大学问家许慎给玉字下定义："玉，石之美者。"他又列举玉的五种德性："润泽以温，仁之方也；䚡理自外，可以知中，义之方也；其声舒扬，专以远闻，智之方也；不挠而折，勇之方也；锐廉而不忮，洁之方也。"这就是说，玉具有仁、义、智、勇、洁的优良品质，这当然是把玉人格化了的说法。

从今天的矿物学角度来看，玉是软玉与硬玉的总称。软玉属于角闪石类，主要成分是硅酸钙锰，硬度为莫氏6—6.5度，比重在2.55—2.65之间，以出产地在中国境内新疆和田的最有名，它是中国古代玉材的重要来源。硬玉属于辉石类，主要成分是硅酸钠铝，硬度在莫氏6.75—7度之间，比重在3.2—3.3之间，主要产地在与缅甸毗连的云南西部地区。由于它的颜色很像翠鸟的羽毛，近代人也把硬玉称为翡翠。玉的各种颜色分别是由矿物所含的铁、镍、铬等元素的不同的化合物形成的。除了软玉、硬玉之外，古人还用碧玉、水晶、玉髓、玛瑙、绿松石、蛇纹石、孔雀石制成器具，所以古代玉器所包含的内容很广泛。世界上许多国家和地区都出产玉，如西伯利亚的贝加尔湖附近，新西兰，澳洲，美洲，非洲的津巴布韦，欧洲的波兰和意大利。这些地区也都有玉制品的发现，但以中国的玉器出现最早，持续时间最长，并有悠久的历史和鲜明的时代风格，代表着世界玉器制作的最高水平。

在新石器时代金属工具出现之前，人们是用什么方法把玉矿从石料堆中开采出来的呢？开采出来的玉料，又是用什么方法把它们锯开，劈成有用之材的呢？从出土的玉器图案中，我们看到这些美丽的纹饰有阴线，有阳线，有浮雕，还有平凸和隐线，组成极其复杂的几何图形和动物图案，这究竟是用什么方法完成的？这些问题恐怕只有考古学家才能正确地解答。我们的祖先同石料打了几百万年的交道，在打制和磨制石器的过程中，对不同石料的硬度有着十分丰富的经验。他们知道石英是最坚硬的石头，用它可以开采玉料。如果玉料需要锯截、琢磨、穿孔、雕刻、抛光，要用石英砂和水作介质，不断穿凿琢磨。切割时要有轮锯，古称圆砣，协以固定装置，如同传统治玉所用的水作凳一类的琢玉机。《诗经》上说"如切如磋，如琢如磨"，大致就是描述治玉的过程。如果需要打孔，还要借助于细石器，钻孔时加水加砂，反复揉搓。《诗经》上说"他山之石，可以攻玉"，可能就是这个意思。总之，琢玉离不开石英。石英砂又称"解玉砂"，硬度在莫氏7度。

根据出土玉器证明，在新石器时代后期，治玉同制陶一样成为一个专门的生产部门。

良渚文化中的玉器

良渚文化是以浙江省杭州市余杭区良渚遗址而得名。这一文化主要分布在太湖地区，南以钱塘江为界，西北至江苏常州市一带。据放射性碳素断代并经校正，年代约为公元前

3300—前2200年。良渚文化遗址出土了稻谷、黑陶、竹编器物、丝麻织品，显示了长江三角洲原始社会晚期物质文化发展水平。

在良渚文化的墓葬里发现了许多随葬玉器，其中以兽面纹的玉琮和玉瑗、玉蝉最为突出，有的玉琮放在人的骨架四周。这些玉琮选材讲究，纹饰别致，工艺水平很高，是当时的重器，具有权力象征意义。

我们先谈谈玉琮的器形。

从考古发掘的材料来看，琮的类型很多，大小不一，颜色不同，有人把它们分成"大琮""组琮""黄琮"等。琮的外表也不尽相同，有光素的，有带纹饰的；纹饰中有几何图纹的，也有兽纹、鸟纹的，没有固定章法。这些琮究竟是干什么用的呢？据一部叫作《周礼》的书记载，"以苍璧礼天，以黄琮礼地"，可见它是一种礼器。琮有一个共同特征，那就是外方内圆，中间贯通。为什么要做成这种形状呢？这似乎是一个真正的谜，引起了中外学者的广泛兴趣和密切关注。人们依据器形，对琮的来源出处作出了种种判断。有人认为琮象征着地母的女阴，因而是女性贵族的权力标志；有人认为是盛"且"（男性生殖器）的石函；也有人干脆认为是烟筒的象征，是家庭崇拜的对象。这些判断离事实较远。

比较接近事实的有两种意见：一为法器说。"天圆地方"的观念，可以追溯到很久远的时代，玉琮的方和圆取自天和地，中间贯通象征天地贯通。巫师是专工规矩方圆的，因此它是巫的法器。巫在通天地的过程中受到世间动物的帮助，因此法器上刻有动物的形象。琮用玉做原料，很可能暗示玉在沟通天地上起了特殊的作用。一为织机器物说。许多礼器多与生产有关。新石器时代的一大发明就是丝织品的诞生，这是一件划时代的大事。璧、环、琮，都与织机相关，或原为织机某一部件。琮原为织机上提综开交之物，原本木制，后来逐渐演变成礼器，改为玉制。目前，这一问题尚无定论，还可以继续讨论下去。我们现代人比古人不知聪明多少倍，但是古人的意识和观念并非全部为我们所能理解。

我们再谈谈琮的纹饰。

良渚文化中的琮有一个突出的特征，那就是纹饰中除了兽纹和鸟纹外，还有神人兽面纹饰。这种纹饰大量出现，说明神灵崇拜在良渚文化中占有重要地位。大量的玉制品作为陪葬，确实说明玉本身已经被神圣化。拥有玉器，不仅表示拥有财富，而且还表示拥有神权和军权。玉器上的兽面纹耐人寻味，以后商周的青铜器上的饕餮纹，在构图和章法上大体保持着这一风格。1986年6月，在余杭反山墓中发现了这类图形最完整的形象。这是一种人形和兽面复合图像。人们可以把它解释为一个头戴羽冠的英俊战神，他的胸部和腹部隐蔽在兽面盾牌之后，做冲击跳跃的动作；也可以解释为兽、神的人形化。既可以认作在兽面的表象里包含人形的精灵，也可说是兽的精灵已具有人的形状。把人形和兽面两种体形互为表里结合起来，令现代人感到神秘莫测。这种现象是多维构思下的产物，也是客观事物辩证地叠加在一起的结晶。人借助于猛兽的形象杜撰了神灵，神灵又具备有效的感召力，可以集合本部族的力量去抵抗自然灾害的袭击和其他部族的侵扰。兽、神与人的统一，是当时客观形势的需要，也充分显示了氏族领袖神圣不可侵犯的权威性。

人、兽、神合一的图纹，充分体现了原始社会逐渐解体时人们的审美意识和情趣。

人类从原始的蒙昧状态走进文明，伴随的不是田园诗，也不是牧歌，而是充满了腥风血雨，有如但丁的《炼狱篇》。请想想看，氏族的头人及其伙伴用极其原始的方法，把俘虏或是违背部族规矩的人屠杀献祭或是活活吃掉。炫耀暴力，用恐怖威胁敌人，用巫术集合部族力量是最寻常不过的事情。这种纹饰体现了那个时代的精神。那半人半兽神的嘴脸，凶险而又神秘；那对凸起暴戾的双眼，恐怖中见狰狞，狰狞中见稚气；那对锯齿獠牙，如虎如豺，凶残中见威武，威武中又颇显滑稽。它寓神秘、狰狞、稚气为一体，沉淀着一种深刻的历史力量，体现了那个时代的历史进程，因而具有了原始的古拙美。因此，它具有重要的审美价值。

这种风格深刻地影响了商周以来的青铜文化。

绚丽多彩的殷商玉雕：妇好墓中的玉器

商朝，是我国进入文明社会后的一个重要的王朝。

妇好墓，是商代第二十三任君主武丁的配偶妇好的墓，位于河南省安阳市小屯西北约100米处。1976年春，中国科学院考古研究所进行发掘。该墓圹作长方形竖穴，南北长5.6米，东西宽4米，深8米，内有墓室，室内有棺有椁。墓内殉人16个，墓主棺木及遗骸已朽。墓内共出土铜器、玉器、骨器、象牙器、陶器、蚌器及各类随葬品计1928件。填土中有陶爵、玉簋、石磬、象牙杯、玉臼、石牛、骨笄、箭镞等。椁内放置大量青铜器。棺内主要放置玉器，累计750件，已经初步鉴定300件，均系软玉，大部分为新疆和田玉。其中，礼器有大琮、组琮、圭、璧、环、瑗、璜、玦、簋、盘等；仪仗有戈、矛、戚、钺和大刀；农具和工具有斧、凿、锛、锯、刀、纺轮、铲、镰；生活用具有臼和杵、调色盘、梳、耳勺、匕、觽等；装饰品有笄、坠饰、串珠等；艺术品有人物像、玉龙、玉虎、怪鸟等。这些玉制品属于浮雕和圆雕制品，刻工精细，造型丰富，线条流畅，堪称商代玉制品中的精品，充分显示出那个时代的造型艺术与琢玉工艺的水平。从艺术成就上来看，人物与动物的造型表明商代玉雕工艺有了新发展。

在塑造人物时，商代的玉雕艺术家不仅掌握了人体各器官的比例，还可以把脸部细微的骨骼用准确的线条刻画出来。不仅如此，他们还可以用简练概括的手法，把不同部位的肌肉特点再现出来，使得人物惟妙惟肖，活灵活现。该墓还出土了不同衣冠的玉人：一件腰插宽柄器跽坐玉人，高7厘米，盘辫戴冠，着交领衣，长袖窄口，腰束宽带，着鞋，双目视前方，神态倨傲，像是奴隶主的形象；另一件人物头梳小辫，跽坐，着衣，赤脚，头微低，若有所思，可能是女奴形象。这两件玉器不仅对研究商人衣冠发式有重要的参考价值，而且对研究不同阶级的人物形象和商代人种提供了形象资料。

商代玉雕艺术家手下的动物造型，多半是用作佩戴或插嵌饰物。动物种类计有猪、马、牛、羊、狗、象、熊、鹿、虎、猴、鸟、鹤、鹰、雁、鸽、鹦鹉、鸱鸮、鸬鹚、鹅、鸭、鱼、蛙、鳖、螳螂、蝉、蚕、螺蛳等，还有一些是龙凤、怪鸟、怪兽。这些饰物往往有小孔，可佩戴；也有下部有凹槽的，可供插嵌。这些饰物均是玉工精心设计而成的。

从这些玉制品中，我们发现商代艺术家们已经初步学会了"相石"和"俏色"这个最基本的艺术手法。所谓"相石""俏色"，就是巧妙地选用玉石的天然色彩来安排作品的颜色，使人看了爱不释手，惊叹不已。妇好墓出土的绿松石制的鸽，羽毛翠绿而又有天然晕纹，增加了雏鸽的实感，使之妩媚可爱。墓附近出土的玉鳖、玉龟，巧妙地运用了玉石的天然色彩和层次，使鳖甲油绿晶莹，肢体肉感极为强烈，栩栩如生。其次，商代的艺术家用很简练的外轮廓线准确地勾勒出动物的典型姿态：奔兔、蹲熊、卧牛、立马、伏虎、游鱼，形态酷似，生机盎然，辉映成趣。给人印象最深刻的是一对扁体玉鹤，一件高12厘米，一件高9.8厘米。艺术家敏锐地捕捉到它们伫立的典型姿态，颈部下曲，两翼微张，很像是刚刚出浴时拍打自己身上的羽毛，使人看后受到强烈的艺术感染。

从妇好墓出土的玉器我们可以看出，殷商时代的玉雕艺术已经逐步走向成熟。

汉代的葬玉：金缕玉衣

汉代的玉器继承了战国时代的传统，但又有了新的发展。汉代中期以后，玉器制度变化更大，几乎使殷周以来的传统遭到废弃。新的器形不断出现，葬玉和随身装饰品种类有所增加，其纹饰也由抽象主义为主改变为写实主义为主，圆雕、透雕、高浮雕、刻细线的玉器也逐渐增多了。这种变化，反映了汉代社会风俗和思想（包括宗教思想）的变化。在中国玉器史上，汉代结束了殷周以来的历史传统。

这里着重介绍一下汉代的葬玉。

所谓葬玉，即是专门为了保存尸体而制造的玉制品。4世纪的道家葛洪在《抱朴子》里说"金玉在九窍，则死人为之不朽"，人们认为玉是阴阳二气中阳气的精，把它放在死者身旁可以对尸体起神秘的巫术作用。因此葬玉器形简单，平素无纹。汉代葬玉，九种为一组，称之为九窍塞，用以填塞和遮盖耳、目、口、鼻、肛门和生殖器等窍孔，以防止体内精气逸出。汉代死者口含玉蝉较为普遍。蝉又名知了，属有吻类昆虫，夏日在树上饮露高歌，其生命不过两三个星期，而其幼虫在土中化蛹成虫却需数年之久。口含玉蝉，可能是由于蝉的生活史的循环可以象征着变形与复活。

金缕玉衣是葬玉中的一种。这种玉衣由许多小玉片用纤细的金线缕编缀而成，因此称为"金缕玉衣"。金缕只有皇帝死后才能使用，但是有时皇帝也会特赐给王室或大臣。级别较低的官员只能使用银、铜线或鎏金的铜缕来编缀。从1968年到1978年这十年当中，陆续发现了22件金缕玉衣，其中最著名的是西汉中山靖王刘胜及其妻窦绾墓出土的金缕玉衣。

刘胜是汉景帝的儿子，汉武帝的异母兄弟，公元前154年立为中山王，在位42年。刘胜夫妇墓位于河北省满城县陵山主峰东坡接近山顶处；南北并列，属夫妇并穴合葬。墓开凿在山岩间，是规模宏大的崖墓。刘胜墓全长51.7米，最宽处37.5米，最高处6.8米；窦绾墓全长49.7米，最宽处6.5米，最高处7.9米。墓道口用砖砌筑，然后用铁水浇灌封门。墓室里设有车马房、磨坊、仓库、宴会大厅、内室、帷帐、浴室，墓主人把生前的生活搬进了坟墓。两墓随葬品中有陶器、金银器、玉器、铜器、漆器、铁器等计4200多件，其中许多器物是我国汉代艺术品中的瑰宝。刘胜夫妇的金缕玉衣便是其中的一件。

刘胜夫妇的金缕玉衣是一种殓服。刘胜的金缕玉衣全长

1.88米，共用玉片2498片，金丝约1100克。玉衣分头套、上衣、裤筒、手套和鞋五个部分，各部分先用铁条加以固定，给死者穿戴后，再用金线连接起来。死者头下有鎏金镶玉铜枕，枕内填满花椒。头部有玉眼盖、玉鼻塞、耳瑱和口琀，盆骨附近有玉盒和玉塞，即"九窍塞"。胸前和背后有18块玉璧。窦绾的金缕玉衣全长1.72米，共用玉片2160片，金丝700克。入殓时除有铜枕和"九窍塞"外，双手握璜形玉饰，左手下还有一面小镜，腰间有水晶印，胸前背后有15块玉璧。在刘胜的棺椁之间有一件谷纹玉璧，上部透雕双龙卷云纹。玉璧晶莹洁白，刻工精细，是汉代玉器中的精品。

金缕玉衣在整体设计和玉工、金工工艺方面，都有杰出的创造。它是我国古代劳动人民智慧和血汗的结晶。在两千多年前的汉代，人们要从遥远的（可能是辽宁的岫岩地区）地方运来玉料，通过开料、锯片和设计，制成数以千计有一定规格和形状的小玉片。每块小玉片又都需要磨光和钻孔，编缀玉片还需要多种特制的金丝，整个制作过程又要投入大量人力物力，一件金缕玉衣凝结着多少劳动人民的血汗啊！

明清的玉制工艺品

如前所述,玉器在新石器时代曾作为部落图腾的徽征而神秘一时。在殷商的等级社会里,玉器作为装饰品成为特权和等级制度的标志。在秦汉封建社会里,玉器被儒家赋予"五德",并制作成神圣的礼器,为皇权和王室服务。权势人物死后,还出现了玉葬这种怪诞的事情。佛教传入中国,由石佛而玉佛,用玉来抬高佛的地位。但是,随着历史不断前进,人们赋予玉器上的神秘的宗教和神圣的人伦的面纱被层层剥去,玉器也就彻底演变成供人们玩赏的工艺品了。只要有了钱,就能买得到。

到了明清,随着商品经济不断发展,玉器也就沦为实实在在的商品,玉器的制作受买者的操纵。同其他艺术形式一样,玉雕艺术也有它诞生、繁荣、鼎盛、衰微的过程。每个朝代的玉雕艺术发展不尽相同,但就整体而言,这门艺术却渐渐衰微。这里所说的衰微,并不是指创作的数量和玉雕的技术,而是指玉雕的艺术成就,亦即它们本身所包含的审美价值。

明清玉雕艺术衰微有许多复杂的原因。艺术题材日益狭窄而庸俗，艺术品的日益商品化和从事玉雕匠人的文化素质低下，都是重要原因。当然，这些原因都是封建社会本身造成的。明清以来的皇室、达官贵人、富商以及附庸风雅的权势人物刻意追求福祉、迁升和长寿，因此以福、禄、寿为中心题材的玉雕比比皆是，诸如玉堂富贵、鹤鹿同春、八仙祝寿、吉庆如意等作品，都谈不上审美价值。清代乾隆皇帝嗜玉成癖，极力搜罗古玉，提倡做假古玉，并仿制古彝器如鼎、尊、簋、觥、觚之类作为陈设品，在玉雕领域里倡导复古风气。他还亲自命玉工制作白玉仙人、白玉马，配文雅座，镂刻隶书"宣和御玩"，供自己玩赏。艺术的生命在于不断创新，一味复古必然使玉雕艺术陷入死胡同。

明清的玉雕艺术，就其整体而言是走向衰微的，但并不意味着没有好的作品出现。明清两代五六百年历史，玉雕无论是在创作的数量上还是在技术上，都是历史上空前的。特别是清代，清帝国版图囊括天山南北，著名产玉区都由清政府管辖，年年向清廷贡玉。贡玉经军机处、奏事处验收斤两，然后再转造办处分品级、定用途。治玉作坊分北（京）派南（苏州）派。造办处如意馆集中了全国最优秀的玉匠。此外，还有两淮、苏州、杭州、江宁、淮关、长芦、九江、凤阳等治玉基地，人才辈出。

苏州自明以来，治玉艺人成就甚高。其中陆子冈、贺四、李文甫、王小溪都是雕琢好手。陆子冈琢的玉水仙簪，奇巧玲珑，花托下的茎枝细如毫毛而不断，颤巍巍地显出花朵的娇态。清代艺人朱宏晋，可以在玉石、玳瑁、玛瑙、螺壳等薄片上，雕成极细微的花鸟、楼台、亭桥、山水等镂空图景，惟妙惟肖。苏州的玉工分工很细，有画样、选料、锯钻、做坯、做细、光玉、刻款、烧古等工种。其中，画样和选料工作是具有创造性的，因而处于领班地位；锯钻工属于粗工，自从乾隆年间引进弓锯和金刚砂以后，解玉的技术有了长足的进步；做细、刻款、烧古难度较大，属于细工。镂空的花朵、璎珞、纽饰、纹带，需要用金刚钻锥穿成小孔，以金丝锯插入，慢慢雕琢。遇到玉色变异，就要因料制宜，改拙成巧，独运匠心。

清代的玉工，无论是南派北派，都全面地继承了历史上的优秀技艺，如阴线、阳文、平凸、隐起、镂空多种表现手法。制作玉器或简朴方正，或繁缛华丽，或古色古香，或富于异国情调。其中仿制痕都斯坦（即今印度、巴基斯坦、阿富汗一带）玉器，尤有建树。

大型玉雕代表着清代玉雕水平。乾隆四十一年，清政府从新疆运来大玉六块，共2万余斤。乾隆四十五年，进贡大玉一块，计9000余斤。这些大玉为雕琢大型玉雕奠定了基础。现存故宫博物院的大型玉雕有"大禹治水玉山""寿山""福海""大玉瓮""秋山行旅""会昌九老"等。"寿山"现设在乐寿堂，原玉重3000斤，由两淮盐政制作，约四年完成。"福海"现设在乐寿堂，原玉5000斤，由两淮盐政制作，共用四年完成。"大玉瓮"现设在乾清宫东暖阁，原玉重4000斤，由造办处制作，共用三年半完成。最著名的是"大禹治水玉山"，现设乐寿堂后间，原名为"大禹开山山子"，全名为"密勒塔山玉、大禹治水图"玉山。9000斤大玉，做成后高9尺5寸，宽约3尺，金丝铜座，堪称"玉器之王"。玉的质地温润、致密、坚硬，微含碧绿，呈半透明体，属角闪石青玉类。玉雕以宋人画《大禹治水图》为蓝本，经造办处、如意馆设计，由扬州盐政制成。从选料设计到刻字完成，其全部工程整整用了十年。我国古代治水主要方法是开山导水，使水畅通，避免因堵塞而引起泛滥。清代玉雕艺术家再现了古代劳动人民治水场面。玉雕正面及两侧或重岩叠嶂，或古木苍松，或湍流瀑布；三五成群的劳动者分布在半山间，或扶长钎，或抡大锤，或击岩石，或下巨木，表现了古代劳动人民不屈不挠的奋斗精神。

铜器与铁器

中国青铜器的起源

在人类社会发展阶段中,大量制作和使用青铜工具的时代,被称作"青铜时代"。青铜,是指红铜同其他金属的合金。铜和铅的合金,称铅青铜。铜和锡的合金,称锡青铜。铜加锡,目的是为了降低铜的熔点,加强铜的流动以便铸造,还可以增强合金的硬度。由于锡矿有限,又往往以铅代锡,或形成铜、锡、铅三元合金。此外,还有镍青铜、磷青铜,等等。红铜,则是从铜矿提炼出来的。

远古时代,人类便发现了铜矿。绿色和蓝色的铜矿石,引起了古埃及人及美索不达米亚人的重视,曾被他们用作化妆品。在铜矿矿床中,常常有共生的自然铜。自然铜的熠熠光芒显然引起了人们的关注。在伊拉克,考古工作者发现了

10000年前至9000年前人类使用自然铜制作的装饰品。冶炼铜矿不是一件容易的事,只有制陶业达到娴熟程度,才会为铜的冶铸提供必要条件,包括冶铸所需要的高温技术、耐火材料、造型材料和技术。自然铜经火烧达到一定温度(熔点在1083℃)即能熔化,冷却时又随不同容器而得到不同形状,这就是铸造的萌芽。埃及进入铜石并用时期是在公元前4000多年,中国的青铜时代是在公元前2000多年形成的,经历夏、商、西周达到高峰。中国的青铜文化比西亚晚了2000年。这期间,中国的青铜冶铸技术是否受到西亚文化的启发,目前尚不十分清楚。由于地理上的隔绝,中国的青铜文化形成了自己特殊的人文特点和风格,这却是事实。

青铜器的分类研究及青铜器的意义

青铜作为金属材料出现以后,逐渐渗透到人们社会生活的各个角落。从考古发掘的资料里,我们可以把青铜器大致分为三类。一是生产工具,包括耒、耜、铲、镢、锛、锸、锄、耨、镰、斧、斤、凿、锯等,这些生产工具广泛使用在农业和手工业领域里,有力地促进了社会生产的发展,使人类社会出现了长足的进步。二是兵器,包括戈、戟、矛、铍、钺、戚、刀、剑、匕、殳、弩机、矢镞、胄等，青铜兵器的出现使战争的规模和速度大为改观，促进了氏族之间的联合与统一，推动了上古社会的历史演变。三是饪食器和酒器，包括鼎、鬲、甗、簋、盨、簠、敦、豆、铺、盂、爵、觚、觯、壶、罍、尊、卣、方彝、觥、勺、禁等，名目繁多，十分复杂。这些器皿最初都是以礼器面目出现，是古代社会等级制度和权力的象征。礼器也称彝器，彝是常规的意思，礼器是宗庙的常器。此外，还有生活用具、车马器、货币、度量衡器具，都用青铜铸造。

青铜器上的纹饰和铭文，不仅对美术史和古文字学的研究具有重要意义，而且还是研究上古史的重要史料。通过对纹饰和铭文的研究，可以深入探讨商周社会的政治、经济、军事、文化、科学技术、艺术、民族、法律、天文、历法等多方面的问题，对分析当时的阶级关系和社会结构、判断社会性质、复原古代社会面貌，有着无可替代的价值。

青铜器的铸造与"六齐"规律

青铜器的铸造方式多种多样，这里只介绍两种最常见的方式：一是范式铸造，二是失蜡法。

范式铸造分两个步骤：一是制范，二是浇铸。制范包括制模、制型和合范三个程序。制模就是把铸件先用泥做成模型。制型，是用和好的泥拍成平板，附捺在模型外部用力压紧，使模的花纹反印在泥片内；等泥片半干时按器型密切相接，阴干后烘烤，之后就成为外范。内范的制法是将模型刮去一层即成，所刮的厚度即是铸件壁厚。合范，就是把分片做成的内、外范合拢在一起，通过支钉相扣，涂泥加固，留出浇口。浇注铜液后，冷却，打碎范模，就可以取出铸件。一件青铜器，要经过许多复杂工序才能浇铸成功。这一技术的发明，要通过工匠世世代代的努力才能摸索出来。

失蜡法又称拨蜡法，在现代金属工艺学中称熔模精密铸造。其工艺过程如下：用蜡料塑成器型，以泥料制范（铸型），干燥后烘熔之，蜡料受热熔失，得到整体无分范面的陶范，将铜液注入，冷却，脱范即得铸件。这种铸法有立体透雕效果。自春秋中叶，我国即有此铸法，迄明清已达炉火纯青的地步。可别小看我国传统铸造技术，现代喷气式飞机发动机上的耐热合金叶轮和叶片，就是依据这种传统工艺原理试制成功的。现在，这种技术广泛用于工业和国防领域。

在长期的冶炼实践中，工匠们逐渐认识了合金的成分、性能和用途之间的关系，总结出"六齐"规律，《考工记》这部先秦典籍里记载:"金有六齐。六分其金而锡居一,谓之钟鼎之齐;五分其金而锡居一,谓之斧斤之齐;四分其金而锡居一,谓之戈戟之齐;三分其金而锡居一,谓之大刃之齐;五分其金而锡居二,谓之削、杀、矢之齐;金、锡半,谓之鉴燧之齐。"根据《考工记》的记载,铜、锡的百分比计算范围可列为下表:

合金名称	铜和锡之比	含铜量(%)	含锡量(%)
钟鼎之齐	5∶1—6∶1	83.3—86	16.7—14
斧斤之齐	4∶1—5∶1	80—83	20—17
戈戟之齐	3∶1—4∶1	75—80	25—20
大刃之齐	2∶1—3∶1	66.7—75	33.3—25
削、杀、矢之齐	3∶2—5∶2	60—71	40—29
鉴燧之齐	1∶1	50	50

有了"六齐"规律,对于不同用途的合金配比,就有了比较合理的依据。经冶金史专家多方研究,证明"六齐"规律是商周青铜器合理配方的总结。这是世界上最早的合金配方,在科学史上有着重要的意义。

浑厚雄奇的后母戊大鼎

商代晚期的青铜器，一般比较厚重，其中最著名的是安阳西北岗出土的后母戊大方鼎。它通高133厘米，长116厘米，宽79厘米，重875公斤，是目前所知中国上古时期最重的青铜礼器。它呈长方形腹，直立对称双耳，腹下连四个中空柱足。器身以凸起的云雷纹为地，主体花纹是饕餮纹。此外，还有夔纹、龙纹、蝉纹、鸟纹、蚕纹、龟纹布满器身。器身还有凸起的扉棱和牺首等装饰。腹内壁一侧铸有铭文"后母戊"三字。此鼎长期以来被认为是商王文丁为祭祀其母"母戊"（武乙的配偶）而制作。近年通过对安阳殷墟妇好墓出土的文物及"后母辛"的铭文的研究，不少学者认为此鼎是武丁时期的作品。

当你仔细端详这件大鼎时，你会强烈感到它体形庞大，四足挺拔，雄踞地面；它的方正岸然和两耳对称，使你感到它威严和势不可当。耳部有对称两虎，虎作张口卷尾，虎口中间衔一人头，虎态从容不迫，气势非凡，仿佛食人之事，不过是寻常的儿戏而已。它的主体纹饰——饕餮纹，让人马上联想起"有首无身，食人未咽"的人面大鼎和那件无情的人面大钺。它给你一种强烈的视觉震撼，那就是让你服从！透过大鼎的表象，你会看到历史的真正底蕴——大鼎主人的意志、力量和威严。

商代已经进入了人类文明的时代，作为文明的三个主要标志——青铜器、文字和城市，已经全部历历在目。社会上出现了真正的阶级，它一经出现，便是全社会的主人——奴隶主阶级。巫，已经不再像在良渚文化里占有支配地位，人的力量渐渐上升了，缓慢地取代了巫。后母戊大鼎之所以美，在于它自身的力量。它以雄健的线条，深沉凸出的铸造刻饰，恰到好处地体现了一种无限的、原始的、还不能用语言概括的原始宗教情感、观念和理想。配上那沉着、坚实、稳定的器物造型，极为成功地反映了"有虔秉钺，如火烈烈"（《诗·商颂》）——进入文明时代所必经的那个血与火的野蛮年代。

形象逼真的四羊方尊

四羊方尊所代表的是另一种风格。

该器是商后期的作品，1938年在湖南宁乡出土，现为中国国家博物馆藏品。该尊通高58.3厘米，口径边长52.4

厘米，重34.5公斤，是现存商器中最大的方尊。它的纹饰细腻，造型逼真，铸造工艺难度极大，是3000多年前极为罕见的青铜艺术珍品。

商代辉煌的青铜艺术成就是建立在庞大的奴役式劳动基础上的。铜绿山古铜矿遗址出土的钻、凿、镬、锛、索绳、辘轳、竹筐告诉我们，这些工奴是操着极简单、原始的工具进行开采和冶炼的，铸造的工作条件与之相去不远。但是，铸件上的纹饰和造型设计就不同了。这种工作细致、复杂、富于变化，并且具有创造精神。从事纹饰设计的人早先被称作"巫""史""尹"，春秋以后被称作"士"。他们是一批思想家，以编造本阶级的幻想来当作自己的谋生手段。他们的作品不仅体现了本阶级统治者的权力、意志和力量，还善于用写实手法来编造自己的"祯祥"。

羊是人类最早驯服的动物之一，在远古时代便是吉祥的象征。金文中的"祥"字即是"羊"字，所以三代的青铜器常常饰有羊的图纹，四羊方尊便是这类作品之一。该尊颈饰蕉叶夔纹和兽面纹，肩部有四龙蟠缠。给人突出印象的是尊的四肩、腹及圈足设计成四只卷角羊，形象在宁静中见庄严。羊背及胸部饰有鳞纹，前腿为精丽的长冠鸟，圈足上并饰夔纹。全器上下都以细雷纹为地，线条光洁刚劲。方尊的边角及每边的合范处都是长棱脊，用以掩盖合范时可能产生的不正的纹饰，同时还可以改善器物边角的单调感，增强造型气势。四羊方尊的造型设计堪称一绝，它集线雕、浮雕、圆雕于一器，把平面图饰与立体雕塑结合起来，把器皿与动物形象结合起来，如此和谐传神，精巧而又凝重，不愧为一代精品。

后母戊大鼎和四羊方尊都是国家重器，它们的铸造工艺也引起了人们的广泛兴趣。经过X射线探伤检测了后母戊大鼎，发现它是由许多块陶范浑铸而成，鼎耳是接铸而成。初步估算，此鼎刚铸成时重达900公斤，因此是采用大口径熔炉用槽铸法铸成。最初，人们都以为四羊方尊是用失蜡法铸成的。因为突出的龙头、精细的镂空扉边用别的方法很难铸出来。后来发现尊上有明显铸痕，合范缝、错边、土支钉都是范铸的证据，进而通过检测证明龙与羊的卷角均系分铸法铸成。铸件纹饰浑然一体，表面光洁度非常高，说明合范技术和材料均达到空前的水平。

大盂鼎与毛公鼎

中国古代的奴隶制度自夏朝奠定了始基，经过商代的大发展，到周朝达到鼎盛时期。周朝的势力范围远远超过前代，成为一个强盛、发达的奴隶制国家。周人灭商之后，为了巩固其统治地位，采用了分封诸侯的政治制度，与此同时，制器作铭，宣传礼制，用以维护自己的统治尊严。他们在青铜礼器上运用颂扬祖德、刻纪功烈、陈述周王锡命的方式，加强宗法观念，巩固自己在政治上的权威。因此，出现了富有特色的三足器——鼎为核心的青铜艺术品。此时鼎器制作雄厚沉实，纹饰狞厉神秘，刻镂沉重凸出，颇有一派力压群雄之感。铭文或为册命，或为训诰，或为记事，洒洒洋洋，鸿篇巨制，屡见不鲜。其中最著名的有大盂鼎和毛公鼎。

所谓盂鼎，就是用于燕食的大鼎，也就是周王在奉膳赞祭的重要礼节中使用的重器。大盂鼎传闻出土于清道光年间陕西省眉县礼村，该器通高101.9厘米，径77.8厘米，重153.5公斤。鼓腹下侈，口沿直立，对称双耳，圜底，柱足。上腹饰六个兽面组成的一周带饰，足上端各饰一大兽面纹。兽面巨睛凸出，凝视对方，有威严神秘的风格。整个造型端庄、宁静。内壁铭文19行291字，记述了文王、武王、成王三位先王的立国经验和殷沉湎酒色、丧师亡国的教训。

青铜器上的铭文，一般是按帛书上写好的原本刻出铭文模型，再翻成范制作出来。所以铭文字迹可以反映那个时代的书法艺术水平。我国殷商时代的甲骨文字已经是很成熟的文字了，汉字之美已见端倪。到了金文大篆，它在书法上的美已经建立在从象形基础上演化出来的线条章法和形体结构之间。钟鼎文字一开始便讲究曲直适宜，纵横合度，结体自如，布局完满。它通过结构的疏密、点画的轻重、行笔的缓急，来实现书法艺术上的美。大盂鼎上的铭文书法艺术，代表着西周早期书法的风格。它的字体凝重隽永，敦厚洗练，结体使用肥笔，起止不露锋芒；字的大小因体而施，雍容自得。它的字迹既有端庄伟岸的一面，又有瑰丽谲奇的一面，因此被金石学家确认为成康铜器铭文中最高的一品，它的拓片历来是书法家非常珍视的摹本。

商代青铜器上的铭文较少，一般只有几个字，目的仅标记器主的族氏或铸器人，如后母戊方鼎、后母辛鼎、妇好方鼎都是这种情况。到了西周，铸铭风气日盛，铭文内容也十分丰富。迄今为止，所知铭文最长的要算毛公鼎。

毛公鼎通高53.8厘米，口径47.9厘米，腹围145厘米，重34.7公斤。立耳高大，半球形腹，兽蹄形足。腹口沿下有两周弦文，中填重环纹。腹内有铭文32行、499字。毛公鼎是西周晚期的重器，因为毛公所制，故又称为毛公厝鼎。鼎铭是一篇完整的册命,最后部分还有称扬辞和祝愿辞。册命全文可分五段:1.追述周代文武二王开国时君臣相得、政治清平的盛况。2.宣王策命毛公治理邦家内外。3.给予毛公以宣示王命的专权。4.周王对作器者的告诫勉励之辞。5.明确毛公𧥈的职权。毛公𧥈为表示感谢和称颂周天子的美德,作鼎以为纪念。鼎铭回顾了历史,又申明了宣王任毛公以重要官职,对研究西周晚期的政治、历史很有参考价值。

春秋铜禁与战国曾侯乙尊、盘

春秋和战国时期,是中国社会发生深刻变革的时代:周室衰微,礼乐崩坏,井田制度和宗法制度逐渐瓦解,新兴的工商地主阶级伴随着变法运动逐渐上升到统治地位。这种现象必然反映到青铜文化领域里。此时王室和王臣的青铜器急剧减少,诸侯的青铜器占了主导地位。人们的思想意识也发生了显著变化,昔日青铜器上洒洒洋洋的鸿篇巨制不见了,纹饰也发生了变更。

春秋以后,无神论与怀疑论蔚然成风,殷周以来远古的巫术宗教观念已经失去了神圣的地位,饕餮纹已失去昔日的权威。新兴的政治人物登上政治舞台以后,在青铜领域里有他们自己的情趣、观念、理想和标准：在造型上由严正改为奇巧，器形由厚重改为轻灵，刻镂由深沉突凸改为浮线镶嵌，纹饰由简体、定式演变成繁杂、多变，具有权力与等级象征的青铜礼器逐渐成为他们手中的玩物。失蜡法工艺与错金错银技术的出现，又把这些玩物的制作提高到了一个新的水平。

禁是中国古代一种温食、温酒的器具，它很像一个方案，外面镂空，内装炭火，可以温食或烤食。根据尺寸大小，可以两人对坐而食，或两两对坐而食。1979年，河南淅川县楚令尹子庚墓出土了一件春秋时期的铜禁，呈长方体，长107厘米，宽47厘米，现收藏在河南省文物研究所。这只铜禁是一件极为精美的工艺品，禁面中心光素无纹，边沿及侧面铸有相互穿插缠绕的蟠螭，呈网状。蟠螭是古代传说中的无角龙。下面有十只爬行雕虎作足。禁身四周铸十二只虎，整个装饰生动活泼、玲珑剔透，极富浪漫主义色彩。

曾侯乙尊、盘是战国早期的青铜作品，1978年湖北随县擂鼓墩一号墓出土，现藏湖北省博物馆。曾侯乙尊高33.1厘米，口径26厘米，重8公斤；盘高24厘米，口径47.3厘米，重19.2公斤。尊和盘出土时置于一处。尊呈喇叭状，唇沿外折，下垂，形成宽沿，颈部较高，腹圆鼓，镂孔高圈足。口沿剔透镂空，成为两层，外层为高低相间的蟠虺纹，内层为蟠螭纹。颈部饰四个豹形爬兽，腹部伏四龙与圈足上四龙相对应。盘外折下垂，直壁、平底，下附四龙形蹄足。口沿上另附四个抠手方耳，耳的两侧为扁形镂空夔纹，在四耳之间各有一条龙攀附。

它们的共同特点是形体繁缛，纹饰透雕，失蜡法铸造技术运用极为纯熟，具有典型的、浓郁的楚文化风格，看到它之后会马上联想起那充满神话色彩的《离骚》。那怒目盘缠着的猛豹，那蜿蜒曲折的蟠螭，并非仅是表面动物的形象，而是各自都有深层的寓意和神秘的象征。那簇簇花蕊，使你想起"秋兰兮麋芜，罗生兮堂下。绿叶兮素华，芳菲菲兮袭予"。

这两件青铜器在铸造技术上也属于鬼斧神工。它把陶范铸造、分铸、接铸、钎焊、失蜡法工艺融于一体，如此精美瑰丽，在世界青铜文化上也是屈指可数的珍品。以曾侯乙尊颈镂空附饰为例，它是由四个部件铜焊而成的。这四个部件都是整体铸就并由同样的花纹构成，整个图案由 19 种变体蟠龙纹组成 12 种花纹单元，再按一定排列方式和层次汇成一个极为繁复的花环，造成玲珑剔透而节奏分明的艺术效果。

西汉车饰和东汉牛灯

当青铜艺术只能作为表现高度工艺水平这一用途时,实际上便走到了它的全部历程的终点。青铜文化自夏始,至殷周达到了光辉的顶点,迄战国便开始走下坡路,其间风风雨雨,历经2000年之久。到了汉代,青铜器或演变成日常用品,或演变成纯粹的工艺品。满城汉墓出土的蟠龙纹铜壶、铜错金博山炉、长信宫灯、铜朱雀衔环杯,便是汉代青铜工艺品的佳作。它们用料讲究,制作精巧,造型漂亮,使人看到之后感到惊异,赞叹不绝,爱不释手。然而,工艺品只能从工艺角度来断定它的审美价值,在汉代的青铜作品中再也看不到它自身凝聚的那股历史的力量,那种崇高的美。但是,你若细心品味汉代青铜器皿的纹饰,你会发现,在它的细微之处,无不体现了那个时代的艺术风貌和时代精神。

无论如何,汉代对于汉民族来讲无疑是一个伟大的时代。不必说汉帝国的疆土如何广袤,也不必说汉王朝的经济和军事实力使它的周边各国认为它是世界上的泱泱大国。汉代是汉民族形成的伟大时期,也是中国人才辈出的时期。前后两汉400余年,出现了多少大军事家、大政治家,多少大科学家、大学者和大诗人啊！这便是汉代的时代特征，也是汉代艺术家所追求的主题。汉代的艺术家，经常通过神话与历史、现实与神、人与兽同台演出的画面，极有气魄地展示了一个五彩缤纷、琳琅满目的世界，通过这些画面体现了人对客观世界的征服。

1965年，河北省定州市出土了一件车饰，长26.5厘米，径3.6厘米，呈竹管状，中间是空心，原安木心，像古代贵族车上的伞盖柄，被定名为西汉金银错狩猎纹铜车饰。表面凸起的轮节把这件器物分成四段，每段黑漆地上饰有金银错纹，嵌有圆形和菱形绿松石。金银丝细如毫发，巧夺天工。在不满一尺的画面上，分为四幅，每幅都是一个汉代神话故事。在这些故事里，人神共处，人兽共处，天上、地下、人间浑然一体。那游弋的飞龙，那插翅飞奔的野马，那深夜闯入人境的鸱鸮，那孔雀开屏鸣叫的动人景象，在花香云气里构成一片生机；那虎熊相搏、那豹豺相击、那狗捕麋鹿、那虎吞野猪，在缭绕山峦里形成热闹非凡的动物世界；蛮人驯象，猎者反身射虎，人骑驼背，构成以人为主体的现实世界。飞鸟、翔鹤、羽人、行龟构成人间仙境。在小小的画面里，把悠久的历史传统，邈远的神话幻想和辽阔的现实图景结合起来，通过林林总总、五彩斑斓的人物与动物形象，强有力地表现了人对自然对象的征服主题。这就是汉代艺术的基本特征。就其风格，这幅金错镶嵌图饰与马王堆出土帛画、众多的汉画像石是一致的，但它能在那样一种狭窄的天地里，创造出那么丰富多彩的艺术形象，实在是一种奇迹，令人难以置信。

我们经常看到的古代青铜器中，有一种叫作金（银）错的铜器。所谓金（银）错，就是先在铜器上铸好或刻好纹饰槽，然后利用金银的延展性，在外加压力下使金银添进纹槽内，用错石或磨炭整治抛光，形成隐嵌形式的金银图案或文字。这样，就使青铜器的纹饰改变以往单纯的范铸的形式，纹饰更加丰富多彩，出现了许多故事片断的描写。春秋以后，这种技术渐渐多了起来，到了汉代就很普遍了。东汉错银铜牛灯是其代表作品之一。

此牛灯于江苏扬州市邗江区甘泉二号汉墓出土，现藏南京博物院。这盏灯分三部分：灯座、灯盏和输烟管。灯座为一雏牛，牛腹中空；使用时可注水，既加强了自身的稳定性，一旦失火也可以用此水浇灭。灯为长圆筒式，盏为一圆盘，盘沿有鋬，盏上有两片瓦状罩，可开合。罩壁有孔，罩上有穹顶形盖。罩与盖组成一间小屋室，中心有一根输烟管连接牛头，灯燃时烟垢由管输送到牛腹内。平时输烟管可以作灯柄，用于提携；内部烟垢增多时，可以拆卸后擦拭。雏牛造型极为生动可爱，颈隆起，首稍低，尾弯曲向上，四足挺拔着地，似与伙伴顶犟戏逗。这种姿态有助于灯盏的稳定性。牛身嵌有错银纹饰，增强了小牛各部位肌肉的立体感，使人感到这匹雏牛有剽悍、强劲的动态效果。

汉代的造型艺术从表面上看，似乎处在静止状态，然而却在静中寓动，蕴藏着运动、力量的气势感。著名的马踏飞燕、长信宫灯、说书人和画像石中的荆轲刺秦王，无不有一种"气势美"，造型往往取自千钧一发的刹那间，包含无穷的力度。这匹雏牛也算是其中一例。艺术家成功地捕捉到小牛在顶撞对手的一刹那的启动态势，使人感到有一定的力度。

唐代的金银器

当青铜器已经走上了它自己的历史尽头，金银器却姗姗来迟。

黄金是世界上的稀有金属，由于它难以氧化、带有闪烁的光芒，很早就引起了人们的关注；又由于它很稀少，因此又更为贵重。大约在公元前5000年，埃及的拜达里文化里就出现了黄金制品；公元前3000年前后的乌尔王墓里发现了黄金器皿。这以后，希腊、罗马、萨珊波斯广泛使用了金银器皿。我国商代就有金、银质装饰品，春秋时已有金银镶嵌工艺，金银器皿则非常罕见。西汉墓葬里曾出土一件银豆，细心端详，竟是由西域传来的胭脂盒改制而成，可见那时金银器皿还不多见。金银器皿直到唐代才逐渐多起来。

唐初，统治阶级上层人物中开始盛行使用金银器皿的风气，不过那时的器皿还带有许多"胡气"，许多器皿是从著名的丝绸之路输入到大唐帝国的。到了宋代，制作金银器皿作为一种行业在民间渐渐繁荣起来。制作金银器皿的手工业作坊制出了杯、碗、壶等日用品；有些医疗器具和宗教用具也开始采用金银制作。由于金银延展性好，便于匠人采取多种工艺制作出绚丽多彩的器皿。常用的工艺有铸胎、打胎和拔丝。当基本器形制出以后，再进行细加工，如刻凿、镶嵌、切削、焊接、钣金、抛光等。制成品或富丽堂皇，或清淡典雅，表现出自己鲜明的民族风格。1983年陕西西安出土的唐代金鱼化龙纹杯，錾刻精细，造型优美。1982年江苏丹徒窖藏出土银鎏金龟负"论语玉烛"，造型独特，工艺细腻，用料讲究。该器通体银质，刻花处鎏金，圆柱状如蜡烛，形态逼真。1983年四川遂宁出土的宋代银海兽纹盘，造型生动，錾刻细致，盘中凸起龙、马、象、鱼、龟等动物栩栩如生。西安南郊何家村出土的银熏球则是唐代金银制品的上乘之作。

熏球又称熏炉，由于体积小，在任何状态下都能持平，可以在床上使用，因而又称"被中香炉"。汉代长安巧匠丁缓就曾制造出来。它的主体是一个直径为4.8厘米的圆球，分上下两个半球扣合构成，在下半球内装两个同心机环和一个焚香盂，各部件以相对称的活轴关联于器壁，利用同心机环和活轴造成机械平衡。这种常平结构与现代工业技术中广泛使用的回转器（又称陀螺仪）极为相似。

铁器的起源和早期铁器

在人类历史上，起过革命作用的原材料当中，铁是最重要的，它的作用仅次于人类使用火；有了铁器，人类在改造自然面貌中才真正感到得心应手。无论在世界上哪个地区和国家，冶铁术的发明都是划时代的重要历史事件。

人类与铁打交道，可以追溯到新石器时代早期。在世界各大洲都可以看到人类早期的美术作品——岩画。这些作品许多是由红颜色的赤铁矿涂刻上去的。在新石器时代，有些墓葬还用赤铁矿粉做防腐剂。在人工炼铁之前，许多民族都有使用陨铁制作器具的历史。所谓陨铁，就是天体陨落下来的流星铁，其中99.4%是可以煅造的。古埃及、两河流域、南美洲几个文化中心，都有使用陨铁打制工具的证据。也许是由于陨铁物理性能与某些铁矿石相近，它的持续使用促使人们努力寻找类似的原料，并进行工艺试验，最终导致冶铁术的发现与发展。

中国开始用于铁器的年代目前尚无定论，考古发现最早的铁器属于春秋时期。大抵说来，块炼铁和生铁这两种炼铁技术、煅铁和铸铁这两种制铁工艺，应是在商周青铜冶炼技术高度发展的同时逐步形成的。早期的铁器一开始就和农业、手工业联系密切，从出土的铲、锄、锛、镢、铧、凿、锤、斧、刮刀可以看出，铁器主要用于生产、生活上，而不是用在制作礼器上。战国中期以后，铁范铸造、铸铁柔化和块炼铁渗碳成钢三项工艺已经形成，器类、数量、质量都有所提高。到了东汉，铁器最终取代了青铜器，并出现了制钢术。魏晋南北朝是制钢术大发展的时期，以生铁为原料的铸铁脱碳钢、炒铁技术以及百炼钢和灌钢问世，至此具有中国特色的古代冶炼体系基本形成。宋明以后，从生铁冶炼到生铁炒炼成熟铁，然后到生熟铁合炼成钢，这是钢铁工艺技术全面发展和定型的阶段。

竖炉炼铁和鼓风装置

汉代由于对生铁的需求量很大，竖炉炼铁便应运而生，逐渐成为炼铁的主要形式。古荥镇遗址位于河南省郑州西北20公里的荥阳市西城墙外，遗址面积约12万平方米。从出土铁器上的铁官标志铭文推定，这里属汉河南郡所辖的第一号制铁作坊，使用年代约自西汉中晚期至东汉。炉基保存较好，炉基周围有20余吨炼炉积铁块，成堆的矿石、炼渣、耐火砖、陶风管残段、煤饼、栎木炭、陶范，产品有铧、镬、锄、铲、锛、凿、齿轮、六角承等。由于炉基保存比较完整，使我们对汉代炼铁工艺的认识有一个基本的轮廓。

炉基、炉缸和炉腹均由耐火材料构成。炉的两侧各有两个风口，设鼓风器四具。它的设计有两个特点：一、它呈椭圆形状，说明当时的人们已经认识到炉缸工作与送风机械的关系；二、炉子下部炉墙向外倾斜，与水平所成角（在冶金上叫炉腹角）为62°，边缘炉料和煤气接触比较充分。这种设计在高炉发展史上是一大飞跃。估计古荥阳高炉容积为44立方米，日产生铁570公斤，一年大约生产60吨。据物料平衡推算，每炼一吨铁大约用木炭7850公斤，矿石1995公斤，石灰石130公斤。上述指标是两千多年前的高炉产生的，在冶金技术史上应算是极为辉煌的成就。欧洲直到14世纪才出现过这种高炉。

铁矿石在炉温不低于1130℃时，才能变成液态金属，因此获得炉温至关重要。有风才能有铁，鼓风设备就成为冶金的重要条件。当时人们是怎样设计鼓风设备的呢？考古知识告诉我们，早在西周早期铸铜遗址中，熔炉三面有孔，可以用多具皮囊鼓风。所谓皮囊，就是用牛皮制作的鼓风设备。《墨子》里说"灶用四橐""橐以牛皮"，说的都是鼓风设备。依据汉画像石推测，汉代的橐容积约0.23立方米，每分钟鼓风量约2—3立方米。鼓风机使用时，两人为一组，四个人轮流操作。

鼓风机先是由人操作，称为人排。后来发展到由畜力和水利驱动，称为马排和水排。据《后汉书》记载："造作水排，铸为农器，用力少，见功多，百姓便之。"到了元代，水排渐少，王祯说："水排去古已远，久失其制度，今特多方搜访，列为图谱。"王祯本人没有见过水排，所以他画的水排图有些毛病，水轮由旋转运动改变成杠杆推拉运动，交代得不清楚。到了宋代，出现了木风扇，其性能比皮囊好得多，既省力，风力也大得多，宋元时较为流行。与此同时，还出现了以人力拉动的拉杆活塞式风箱。《天工开物》介绍了四种风箱,分别适应于不同温度的熔炼炉。这几种风箱一直被人们所使用,延续到近代。许多科学史家认为,中国的水排和风箱的使用原理,对后世的蒸汽机的设计有所启发。如果这个观点能够成立的话,中国中古时期的科学技术对欧洲的产业革命还有一份功劳呢!

卅炼大刀与百炼钢

1974年7月,山东省临沂市兰陵县进行文物调查时,发现了一件东汉永初六年(公元112年)铁刀。刀全长111.5厘米,刀身宽3厘米,刀背厚1厘米,环首呈椭圆形。刀身有金错火焰纹和隶书铭文"永初六年五月丙午造卅湅大刀吉羊宜子孙"十八个字,其中永、五、丙三个字字迹略有残缺,其余字体完整。

钢铁学院的专家们对这件大刀进行了检测,发现它的含碳量为0.6%—0.7%,组织均匀,珠光体很细,曾经淬过火,可以看见少量的马氏体。从结构上看,它是用块炼铁作原料,加温后反复折叠煅打而成。从金属物理学角度来看,反复折叠煅打,可以起到一种机械搅拌作用。搅拌次数愈多,碳分布也就愈均匀，刚性也就愈好。由此观之，文物、文献中多次出现过三十炼、五十炼、七十炼或百炼，都是指折叠煅打的次数。如果用金相显微镜观察永初三十炼大刀，其组织结构呈现出30层左右，建初（汉章帝年号，76—84年）"五十炼"长剑则呈现出50层左右。东汉至三国时代，制剑术极为讲究，往往有名家以打刀剑为生。据说东汉建安初年，曹操命有司作"百炼利器"五把，以龙、虎、熊、马、雀为记号，自己选用两把，其余分给三个儿子。其子曹植曾作《宝刀赋》描述宝刀制作过程："炽火炎炉，融铁挺英。乌获奋椎，欧冶是营。"宝刀的性能也极为良好，可以达到"陆斩犀革，水断龙角；轻击浮截，刃不纤削"的地步。

后来，百炼钢的工艺传到了日本。1961年，日本奈良县栎本东大寺山古墓出土了一把大钢刀，全长103厘米，背厚1厘米，青铜环首，背部有错金铭文，全文如下："中平□年五月丙午造作支刀百练清刚上应星宿下辟不祥。""中平"是东汉灵帝的年号，"练"同"炼"。这把刀是从中国带到日本去的还是日本打制的，目前还不十分清楚，但是许多工匠学会了百炼钢的工艺确是事实。他们把反复折打的钢称为"玉钢"，置放在刀身刃部，既坚韧又有美丽的晕纹，用高倍金相显微镜观察，有些刀的组织结构多达200多层。目前，这些刀作为艺术品保藏在私人收藏家或国家博物馆里。

大型铸件：沧州铁狮与当阳铁塔

大型和特大型铸件，代表着我国金属冶铸业的规模和技术水平。我国著名的大型铸件有北周沧州的铁狮子，重约50吨；隋代正定隆兴寺铜佛，重约50吨；当阳玉泉寺铁塔，重约38吨；兰州明代黄河浮桥铁柱，重约14吨；北京大钟寺永乐大钟，重约46吨。这么重的铸件，是如何把它们一件件铸出来的呢？我们以沧州铁狮和当阳铁塔为例，说明这个问题。

沧州铁狮在河北沧县旧城内，距沧州市20公里处。沧州古城又名狮子城，即因铁狮子出名。铁狮铸于公元953年，通长6.5米，高5.3米，身宽3米，总重约50吨，形体之大，驰名世界。据《沧县志》记载，狮头部及颈下，各有"狮子王"三个字，右颈及牙边皆有"大周广顺三年铸"七字，左肋有"山东李云造"五字。腹内、牙内外字迹甚多，然多漫灭不全，有识者谓《金刚经》文。头内有"窦田、郭宝玉"字，曾见拓本，意系冶者姓名，字体为古隶。相传周世宗北征契丹，罚罪人铸此，以镇州城。狮体坐北朝南，昂首怒目，四肢叉开，呈奔走状。狮身披障泥、颈束带、遍佩璎珞，背负巨盆，有人疑为文殊菩萨的基座。铁狮历经千年，雄风犹在，正如清代文人李之峥《铁狮赋》所云："此狮飚生奋鬣，星若悬眸，排爪若锯，牙列如钩。既狰狞而踯躅，乍奔突而淹留。昂首西倾，吸波涛于广淀；掉尾东扫，抗潮汐于蜃楼。"由此观之，果不虚传。

从外观看，狮身采取分段接铸而成，各段铸范共400余块，加上背上莲花盆65块，总共有约近500块长方形范块。泥蕊是整体的。在铁狮的不同部位进行金相检测和化学定量分析，证明铁狮主要是生铁铸件。铸造工艺采取泥范法造型，用顶注式和明浇式的浇注系统，自下而上浇铸而成。

当阳铁塔原名如来舍利塔，又名玉泉铁塔，坐落在今湖北省当阳县城西15公里的玉泉寺的一座土丘上。玉泉寺始建于后梁，经唐增建，至北宋达到鼎盛，被誉为"荆楚丛林之冠"。元、明、清都经过修葺，现列为国家重点文物保护单位。

铁塔是宋代遗物，据《当阳县志》记载："铁塔在殿前，十三级，高七丈，重十万六千六百斤。"（实测为17.9米）全部为生铁铸成。塔身分13层，每层由平座、塔身和腰檐组成。每层每边铸有"八仙过海""二龙戏珠"和海山、水波、海藻等纹样。线条流畅，文饰各异。台座八角，各铸有托塔力士一尊，冠胄衣甲，脚踏仙山，体态刚健，状极威武。塔身仿木结构阁楼，每层设腰檐平座，置斗拱出檐，在相对四面各设一莲弧门龛，壁中多铸佛像，其大小仪态各有不同。佛旁有侍，门旁有卫，安排有度，布局谨严。斗拱以上铸有凌空龙首，悬以风铎。在二层南北东西四面，分别铸有塔名、塔的重量、铸塔时间及工匠姓名和有关事迹。

这么高的铁塔，不可能一次铸成形。经过科学家们的考察，发现古人是采用范铸法铸成分段构件，然后逐层叠装，不加焊接，从基座到塔刹共44块。塔身取样为麻口铁。

从远处瞭望当阳铁塔，塔身挺拔纤瘦，稳健玲珑。夕阳西下，紫气金霞，铁塔凌空，蔚为壮观，充分体现了古代工匠的巧思。

綦毋怀文的宿铁法和双液淬火

南北朝时期在制钢技术上的一个重大创造就是宿铁法，其发明者是綦毋怀文，綦毋是复姓，怀文则是名。他是一个通"道术"的小官，曾在北齐的信州做过刺史。从他的姓氏来推测，可能是鲜卑人。綦毋怀文的生平事迹人们知道的很少，他的两项技术上的创造记录在《北史·艺术列传上》里："造宿铁刀，其法烧生铁精以重柔铤，数宿则成刚，以柔铁为刀脊，浴以五牲之溺，淬以五牲之脂，斩甲过三十札。"

这段话是什么意思呢？

宿铁，也称通宵铁，即用连续几天几夜不断加热的铁来制造兵器。其方法是把纯生铁加温熔炼，然后再加上一块块熟铁加热。数昼夜即可成宿铁。通过长时间的合炼，铁内炭份扩散趋于均匀，从而形成含碳量较高的优质钢材。液态生铁中的碳份与熟铁中的氧化物发生作用，也有利于除去杂质，纯化组织。这就是后世所说的灌钢或团钢，它是我国冶金史上的独创。

这段话的另一个意思是如何淬火。

用来做军刀刀背的材料是熟铁，它用五种牲畜的尿来淬火。还有一种淬火剂是用五种牲畜的油脂。用这种剑可以砍断30块叠在一起的胄甲片。用畜溺和油脂两种淬火介质，是淬火工艺的一大进步。两种介质先后淬火，可以使物件没有裂纹，并获得足够的硬度。

古人用生熟铁相加，取得刚柔并济的效果，并用五牲溺、脂淬火，这种工艺本身渗透着阴阳五行的思想。阴阳和五行都是很古老的哲学思想，到了汉代这两种思想结合起来，成为通行全社会的意识形态，并渗透到各个领域中去。冶炼属于方家、术士、道士活动的领域，因此在这个领域里，用阴阳五行的朴素哲学处理许多复杂的技术成为中国冶金化学史的一大特色。

陶 瓷

陶器与瓷器

古人将范土作坯、入窑烧造而成的器皿,统称为窑器,其中有釉者称瓷器,无釉者称陶器。陶器在世界各地文化中几乎都有出现,瓷器则首创于中国先民,它是中国人民对世界所作的杰出贡献之一。由于瓷器是人类日常生活中的必需品,因而制瓷技术传播到世界各国,中国便赢得"瓷国"的美称。

瓷器是从陶器演变过来的,所以我们首先谈谈陶器。

制陶技术出现在距今8000多年前,它标志着人类运用火的技术有了新的提高。从化学史的角度来看,制陶技术是人类第一次使一种物质(松软的黏土)改变成另一种物质(坚硬的陶器)。这一技术的出现,深刻地影响了人类的社会生活，使人类的定居生活更加稳定。

最初的陶器都是手制的，陶质疏松，器形简单，器物表面也很粗糙。经过几千年的发展，到了新石器时代后期，逐渐形成了比较合理的工艺流程。这时，人们已经开始认真地选择和淘洗原料，根据不同需要而添加不同的煅料，火候已经可达1000℃左右的高温，并且可以小批量的生产，一窑可以烧出一二十件器皿。陶器制法也多种多样，有捏制法、模制法、泥条盘筑法，成型之后还要磨光和施加陶衣，这样烧好之后就会发光并有不同颜色。有些陶器还有纹饰，通常是彩绘，还运用拍印、刻画、镂空手段，使之表面富于变化。轮制法是这一时期的重大发明：将泥料放在陶轮上，借其快速旋转的力量，提拉成形，其特点是器形规整、厚薄均匀。陶轮是人类最早的加工机械，也是现今一切旋转切削机械的祖型。彩陶的出现，标志着古代先民已经有了审美意识。黑陶，又称蛋壳陶，壁厚仅有1—2毫米，标志着新石器时代的技术水平有了重大飞跃。白陶则是用高岭土烧制成的，它是瓷器的前身。

瓷器是以瓷土为原料，经过配料、成型、干燥、焙烧等工艺流程制成的器物，其化学成分主要由氧化硅（SiO_2）和氧化铝（Al_2O_3）组成，此外还有少量的氧化铁（Fe_2O_3）、氧化钛（TiO_2）、氧化钙（CaO）、氧化镁（MgO）、氧化钾（K_2O）、氧化钠（Na_2O）、氧化锰（MnO）等，在窑中经过1200℃以上温度烧制而成。瓷胎烧结后，质地细密，不吸水，有较高的机械强度，击之清脆悦耳；瓷釉通莹透彻，呈玻璃质层，不吸水，与胎骨结合牢固。瓷土又称高岭土，其化学式为$Al_2O_3 \cdot 2SiO_2 \cdot 2H_2O$，吸收水分后有可塑性，干燥后则体积均匀收缩。坯料中适当加入长石、滑石、石灰石、白云石、氧化锌等添加剂，有助于烧结作用，烧成后坚硬而致密。釉料是由氧化硅（SiO_2）和硼酸酐（B_2O_3），与氧化钾、氧化钠、氧化钙、氧化镁等混合物在高温中反应变为液态，冷固后又成为玻璃态的硅酸盐或硼酸盐。含有氧化铁，成青釉；含有氧化铜，成绿釉；含有钴，成蓝釉；含有锰，成红紫釉。

商代已经出现了原始瓷器，胎呈灰白色，釉是石灰釉，呈青绿色，烧成温度在1200℃以上。真正的瓷器出现在东汉。那时的釉色一般呈青色，因而称青瓷，它在制瓷史上是一件划时代的事情。魏晋南北朝时，瓷器又有较大发展，南方出现了黑釉瓷器，北方出现了白釉瓷器。器物的造型也丰富多彩，有大型青瓷莲花尊、鸡头壶、狮形烛台、蛙形水盂、虎子以及各种人物、动物俑等艺术造型。隋唐五代，形成了"南青北白"的局面，即南方生产青釉瓷器为主，北方生产白釉瓷器为主。宋元时期是中国瓷器的繁荣时期，品种繁多，釉彩缤纷，官窑民窑纷纷兴起。由于工艺、造型、釉色不同而形成不同窑系，最著名的有定、汝、官、哥、钧五大名窑。明清的瓷器，则以景德镇窑场产品为最佳。青花瓷是明代瓷器的主流，以永乐至宣德年间水平为最高，明成化时又有斗彩著称，嘉靖时期五彩及青花五彩也是这个时期的新品种。清代釉色更是五彩缤纷，釉上蓝彩、墨彩，釉下五彩、金彩、粉彩、珐琅彩以及各种单色釉，琳琅满目，成就甚高，并制造大批外销瓷，畅销欧亚各国，受到世界各国人民的欢迎。制瓷技术也在清代流传到欧亚美各国，陶瓷成为世界人民所喜爱的艺术品和生活用具。

仰韶文化中的彩陶

仰韶文化是指我国黄河中游地区的新石器时代文化，因最早发掘于河南省渑池县仰韶村遗址而得名。这一文化分布很广，它以黄河的支流渭水、汾水、洛河冲击平原地区为中心，伸延到甘肃、青海、山西、河北、河南诸省，所发现的遗址不下1000处。据放射性碳素断代并经校正，年代约为公元前5000—公元前3000年。仰韶文化以分布广泛、延续持久、内涵丰富、影响深远而成为中国新石器文化中的一支主干。它展现了中国母系氏族制从繁荣到衰落这一完整历史时期的社会结构与文化成就。最能反映仰韶文化特征的器物就是陶器。

仰韶文化中的陶器有盆、钵、平底碗、小口尖底瓶、细颈壶、斜沿罐、深腹瓮、鼎、釜、圆底缸、甑、豆、杯等等，一般以手制泥质红陶和夹砂红陶为主。不同地区与不同历史时期，陶器的器形和纹饰均有不同特点。一般说来，在泥质陶上常常描有动物、植物和几何图案的彩绘，夹砂陶则有拍印的粗细不等的绳纹，这可能是远古时期人类最初的审美意识的萌芽。

在人类历史的长河中，有时激流勇进，有时相对平稳、水平如镜，这在器物的图饰中似乎都有体现。《庄子·盗跖篇》说："神农之世，卧则居居，起则于于。民知其母，不知其父，与麋鹿共处，耕而食，织而衣，无有相害之心。"这反映了母系氏族社会和平安定生活的图景。仰韶文化陶器上的动物图案如鹿、鱼、鸟、狗、蛙等，可能都与巫术图腾有关，但从图案本身来看，却反映着原始农牧业社会安定和谐的生活图景。鹿纹可能代表着"与麋鹿共处"的原始畜牧业，鱼纹可能代表着当时的渔猎生活。狗已经成为当时人们的家畜。这些图案生动、稚嫩、天真，充满活泼和生机，不像良渚时期的玉器和殷周青铜器那样充满沉重、恐怖和神秘。植物纹中有枝叶状花纹、豆荚状花纹和花瓣状纹饰，显示出神农氏社会中农业充满生机与一派和平景象。除了动植物纹饰外，更多的是直线、曲线、水纹、漩涡纹、三角形等几何纹纹饰。这些纹饰不能简单地说成是为了装饰和美观而设置的，更多的是与先民的图腾崇拜有着密切的关系。鸟纹从写实到写意，会发展成螺旋纹饰；鱼纹从写实到写意，可能会发展到以三角形为主的几何图案；蛙纹从写实到写意，可能发展成垂幛纹饰或波浪纹饰。而鱼、鸟、蛙、蛇等都是早期人类的崇拜对象，这些不同形状的几何纹有可能是不同民族的族徽。因此，在今天看来似乎只是为了美观、装饰的抽象的几何纹饰，在当时却是有着重大的巫术、礼仪、图腾含义的。随着时代的变迁，岁月的流逝，这种有特定内涵的纹饰不断重复制造，原有的内涵不断淡化，一些几何图形也就逐步演变为一般的形式美或装饰美。

黑陶与白陶

黑陶是龙山文化的特征。龙山文化是新石器晚期黄河下游地区的一种文化，主要分布在山东省中部、东部和江苏省的淮北地区，年代约在公元前2500—公元前2000年。龙山文化的社会经济不仅有农业、畜牧业及渔猎，还有冶玉业和金属冶铸业。制陶业十分发达，产品器类繁多，器形规整精巧，不仅有白陶，更多的是乌黑发亮的黑陶，其制造工艺达到了古代制陶业的顶峰。

属于龙山文化的典型器物有袋足鬶、盉、甗、罐形鼎、盆形鼎、三足盘、高圈足豆、折腹盆、罐形杯，蛋壳高柄杯、折肩罍、大口深腹瓮等，大多数都为黑陶制品。高颈的陶鬶和鬼脸式足的鼎颇富特色，给邻区器物以强烈的影响。多数炊具都有把手，圈足下部有镂空，器物边口、棱角都经过严格的修整，因而显得整齐、挺拔。由于广泛使用陶轮，不仅提高了产量，而且使制作的形体更为匀称、薄厚更加均一，使陶器不仅是生活用品，而且成为精美的艺术品。制作黑陶的陶土非常细腻，显然是经过严格淘洗。经化学分析，入窑前的陶质中掺有可燃性炭质。入窑后严密封口，用烟熏法进行渗碳，致使陶器呈乌黑色。有的黑陶刻有纹饰；有的黑陶塑成竹节形，镂成孔眼；有的光滑如漆器，乌黑发亮，胜似黑玻璃。由于精心选料，致使器胎薄如卵膜。一般厚度为0.5—1毫米，个别的仅为0.3毫米，成为空前绝后的精品。由此得知，龙山文化中的制陶技术比仰韶时期有了长足的进步。

这样精美的艺术品，并非每个人都能享用。龙山文化中的墓葬群中，半数以上的墓中没有随葬品，少数墓葬随葬品则十分丰富，不仅有十分珍贵的蛋壳高柄陶杯、鬶、三足盘，还有成组的陶器和兽骨。日照出土的石锛纹饰，已经与殷周青铜器靠近，带有恐怖和神秘色彩。这说明龙山文化已经摆脱神农氏的和平安稳的发展阶段，向古史传说中的唐尧虞舜时代迈进。

除了彩陶、黑陶外，还有一种表里和胎质都呈白色的陶器，考古学家称之为白陶。白陶出现较晚，到了新石器中晚期才陆续出现。殷商时代，出现了著名的仿铜器刻纹白陶。白陶之所以白，是因为制器所用的陶土含铁质较一般黏土为低，它的化学成分非常接近制造瓷器的瓷土或高岭土。对山东城子崖文化与安阳殷墟出土的白陶进行化学分析，我们得知，白陶的含铁量仅为仰韶文化彩陶的平均值的1/10，甚至比晋代青瓷的含铁量还要少。制造白陶的瓷土一般都是经过淘洗，入窑温度达到975—1000℃，所以质地坚硬，扣之铿然有声。白陶的出现，说明在新石器时代晚期和夏商两代，我国便开始利用瓷土和高岭土作原料来制陶了。白陶的出现，也为商前期创制的器表施釉的原始青瓷器奠定了物质基础。

除了彩陶、黑陶、白陶外，还有灰陶、印纹硬陶。印纹硬陶是继白陶后出现的又一种新型陶器，它比一般泥质或夹砂陶器要细腻、坚硬，烧成温度也高于一般陶器。由于外表有拍印的花纹，故称"印纹硬陶"，其胎质原料也为瓷土组成，只不过含氧化铁偏高。以考古发掘材料来看，商周的印纹硬陶往往和同期的原始瓷器同时出土，可以看出两者有着密切的关系。

原始瓷器与青瓷

几乎世界各地所有的文化都伴有陶器出现，唯独中国人能够从制陶中发现了瓷，并发展成绚丽多彩的制瓷业，这不能不算作是一种奇迹。世界各国有许多地方有瓷土和高岭土，唯独中国人率先使用它制作成瓷器，这本身也是一个谜。当然，这和我们的先民在制陶中世世代代执着地追求和探索有着密切的、直接的关系。从宏观上来看，从仰韶文化中的彩陶到殷周青铜器乃至战国的漆器，都是以制作容器为主要课题。它甚至发展到玉器，如商代的妇好墓中的玉簋、玉臼等。这种以制作经久耐用的容器为特征的文化，虽然有时披着宗教或其他社会人文因素的外衣，却深刻地反映了我们中国人的生存环境和生活条件。我们的先民是生活在半干旱的黄河流域，一年之中有半年缺水少雨，因此身边的盆盆罐罐成为生存的主要条件，如何改进它使之经久耐用，必然是刻意追求的目标。尽管如此，从陶器到真正的瓷器的出现，却经历了许多个世纪。

最早的瓷器被称为原始瓷，和真正的瓷器相比，尚有较大距离。目前所知道的最早的原始瓷器是商代的郑州二里冈时期，据放射性碳素断代，年代为公元前1500年左右。原始瓷器多与印纹硬陶、白陶共存，瓷器多施青绿色釉。湖北黄陂盘龙城的商代中期墓葬中也出土了原始瓷器，胎呈灰白色，瓷土中的氧化铝含量较高，氧化铁的含量较低，釉为石灰釉，呈青绿色，烧成温度在1200℃左右。商代的原始瓷器杂质较多，原料多数没有经过淘洗，釉层薄厚不均，极易脱落。周代的原始瓷器的发现更为普遍了，除了黄河流域外，北京的琉璃河，江苏的句容，安徽的屯溪，均有发现。原始瓷器大多数是生活器皿，如碗、盂、罐、瓮、豆、盉、尊。原始瓷器的质量也较商代略有提高，个别瓷器火候很高，胎质呈白色，胎釉结合牢固，击之有铿锵之声。到了汉代，制陶业出现了一个新的品种——釉陶。釉色有翠绿色、粟黄色、茶黄色、浅绿色等。器物有鼎、钟等仿铜器，也有仓、灶、井、楼阁等模型和鸡、狗等动物模型。这时的釉料还很昂贵，因此只有墓中的明器施有釉色，一般日用品则很少施釉。当时的釉含有较多的氧化铅，因此又称"铅釉"。

到了东汉晚期，在长江中下游各地开始出现了青瓷，釉呈淡青色，胎质和火候都符合瓷器的标准，这标志着我国真正的瓷器开始出现。这一时期主要的器形是直口、鼓腹、腹上有四耳的盛罐，简称四系罐。除此之外，还有壶、碗、耳杯、薰炉、灯、砚，这些青瓷器皿胎质坚白，全部烧结，不吸水，扣之音如金石，釉色晶莹如玉。青瓷的出现，是中国古代陶瓷史上的一个里程碑，它经历了三国两晋南北朝，一直到隋唐，持续生产了好几个世纪。河北景县封氏墓出土的青釉仰覆莲花尊，是北方青瓷的精品。尊上部有莲花盖，口沿处有桥形双耳，颈与肩交合处有六双系，系下刻有双层宝相覆莲瓣纹，腹中、腹下也都有莲纹。尊通体施釉，色泽温润，呈青褐色，具有很高的艺术水平。

唐代的白瓷与三彩

唐代的制瓷业比三国两晋南北朝时期又有了较大的发展。青瓷质量越来越高，以南方的越窑为上乘。北方则出现了白瓷，以邢窑质量为最精，形成了"南青北白"的局面。《茶经》说，邢瓷在越瓷之下，认为邢瓷类银、类雪，瓷色白而茶色丹；越瓷类玉、类冰，瓷色青而茶色绿。诗人陆龟蒙将越瓷称为"千峰翠色"："九秋风露越窑开，夺得千峰翠色来。"诗人杜甫却认为白瓷更好："大邑烧瓷轻且坚，扣如哀玉锦城传。君家白碗胜霜雪，急送茅斋也可怜。"其实唐代的青瓷、白瓷都很出色，只不过人们各有所爱而已。

唐代的越州窑、邢州窑、鼎州窑、婺州窑、岳州窑、寿州窑、洪州窑，被《茶经》称为七大名窑。所出瓷器，各富特色，邢州窑的白瓷尤为突出。

邢州窑分布在河北省临城、内丘二县交界的村落里，以祁村、双井村为最多，保留着盛唐时代的窑址。其中有一窑保存完好，呈馒头状，就坡筑成；地面上有大量残瓷器片，色如银如雪，与文献记载相吻合。器形有碗、壶、盘、杯、坛、盂、罐、盏托等日常用品。釉色柔润，造型工整，胎质坚硬。窑址中发现了漏斗状匣钵、桶状匣钵、盒式匣钵。据考证，盒式与漏斗状匣钵是专门烧造高档白瓷的。经过对窑址残片的物理检测，发现其白度为韦氏70度，硬度为615度，吸水率为2.4%，烧成温度为1350℃左右，与现代国际高质量瓷器相当，可见唐代制瓷水平之高。唐代的白瓷不仅畅销全国，而且远销海外，埃及、印度、日本的古代遗址中都发现了邢窑的白瓷。伊朗、伊拉克和埃及所生产的陶器，与唐宋时的青、白瓷的器形与纹饰十分接近，可见西亚各国的陶瓷也受到中国陶瓷的影响。

三彩陶器，也是唐代极富特色的一个品种。三彩有单彩、两彩、三彩之别，彩釉施于白陶烧造而成，以河南省巩义市隋唐窑址最负盛名。单色釉有黄、绿、蓝三色，一般施于碗、盆、瓶、罐、盘、水注等生活用具，两彩釉有黄釉绿彩、白釉蓝彩和白釉绿彩几种，多为器皿，出土的有白釉蓝彩罐和弦纹碗。三彩器物分器皿与雕塑两类。器皿有罐、壶、尊、瓶、烛台及瓷枕。有的瓷枕有木理纹饰，称为绞胎，其做法是将黑、白、灰、褐等数种瓷土揉在一起，旋削端正，经过烧造后，其纹理多变，或如行云流水，或如皮纹木理，极富情趣。雕塑有立俑、骑士俑、骑驼俑、抱狮俑、抱婴俑、马匹和骆驼，造型多为写实。1968年河南洛阳安菩夫妇墓出土三彩文吏俑与三彩骆驼，都是三彩中的精品。骆驼施黄、绿、白三彩釉，驼腰间搭彩釉鞍鞯，上挂皮囊、丝绸、火腿、酒瓶。骆驼呈行走状，仰首张口鸣叫，造型极为生动。雕塑人物多有各类胡人形象，反映出盛唐时期东西方贸易的繁荣景象。瓷器也是中国对西亚重要的出口商品，对西亚各国的瓷器制造产生了巨大影响。伊朗12世纪制造的白釉凤头壶与唐三彩凤头壶在造型上就十分接近。唐三彩传到日本，为日本人民所喜爱。后来日本匠人仿制唐三彩，制造出"奈良三彩"。

宋代的五大名窑

宋元时期是我国瓷器繁荣时期。除官窑外，民窑纷纷兴起，分布在全国诸多州县，各窑有不同的工艺、釉色和造型，形成不同的地方风格和窑系。最突出的是钧、哥、官、汝、定五大名窑的瓷器。

钧窑始于唐，盛于北宋，窑址在河南禹县，金代改名钧州，瓷窑由此得名。钧瓷特色是以铜作釉的呈色剂，有玫瑰紫、海棠红等彩釉，兼有天青、天蓝、葱翠青、梅子青、米色、月白诸色。窑变是钧瓷一大特色，它是由几种不同金属呈色剂互相浸润，经高温还原焰中焙烧，形成斑驳灿烂的釉面，有驴肝、马肺等色斑，色极妍艳，色呈红紫色尤为珍贵。由于釉层浓厚，经过素烧，时有滴流现象而形成泪纹或蚯蚓走泥纹，更有一番情趣。传世瓷器中有钧窑海棠式花盆，声誉甚高。

哥窑是宋代名窑，窑址目前尚不十分清楚。其特点是青瓷釉面开片，由无数碎纹组成。这种裂纹开片现象本来是烧造时的一种毛病，因釉料各种成分膨胀系数不同所致。后来人们发现它纹理形成自然，有趣味性和装饰性，便有意识地烧造开片，号称"百圾碎"，有五圾、百圾、五百圾、千圾之别。哥窑釉色以青为主，兼有翠青、粉青、灰青及白色，时有窑变，呈鱼鳞纹、豹纹、蝴蝶纹，或紫或黄或红，十分可爱，明清两代仿宋哥窑瓷甚多。

北宋和南宋政权，在自己的首都汴梁（开封）和临安（杭州）都设有官办窑场，烧造御用瓷器。官窑用料极为讲究，有"官窑瓷器玉为泥"之说。所烧瓷器以月白色为上等，兼有粉青、天青、翠青、大绿色等，器皿多为仿古代青铜礼器，如鼎、尊、觚、钫、扁壶、彝炉等，也有生活用品，如碟、碗、盘、瓶、洗及文具，形态近青铜，釉色似古玉。有的釉厚如堆脂，有的釉薄如纸张，釉内往往有冰裂纹。北宋官窑尚不清楚。南宋官窑设在杭州乌龟山下，所烧器物胎骨呈黑色，釉质晶莹，也有冰裂纹。

汝窑是在汝州（河南临汝）设立的官办瓷窑，以烧青瓷为主，兼烧白瓷。其特点是胎质细坚，里外施釉，釉色以淡青为主，兼有天青、粉青、豆青、虾青、卵青、卵白诸色，釉汁浓厚流淌，状若蜡泪痕，釉内时有鱼子状纹理或芝麻花状细纹。汝窑烧造时间不长，但都很精，对其他窑系影响很大，许多窑都仿制汝窑制品，却远不及汝窑。汝窑传世作品不多，因而极为珍贵。

定窑是著名的白瓷窑，窑址在河北曲阳县涧磁村和东西燕山村，唐宋时属定州，瓷窑因而得名。定窑始于晚唐，盛于北宋，是宋元时造瓷业的主要基地。定窑生产的白瓷，在釉料中没有或只有极微量的呈色剂，生坯挂釉后入窑烧造，经高温氧化焰烧成素白瓷器，品种有莹白、甜白、象牙白。象牙白的釉料中有钛的氧化物，因而白中泛黄，色若象牙。甜白温润如玉，莹白洁净可爱。白瓷时有刻花、印花、划花，纹饰与丝织、绘画、漆器一样精美。刻花刀法灵巧，印花整齐多变，划花纤巧繁缛，器皿常有金口、银口、铜口，以显华贵。定窑也产黑、紫、绿、酱釉瓷器,黑瓷如漆器,俗称黑定;紫若茄苞,或如葡萄,称为紫定,都是深受人们喜爱的品种。

宋代的磁州窑、耀州窑、泉州窑、德化窑、建窑、越窑、鲁山窑,也都是著名的瓷窑,与钧、哥、官、汝、定一样,生产出风格各异、独具特色的瓷器。

深受人们喜爱的青花瓷

青花瓷是白地蓝花的瓷器,它的釉色是以金属钴做呈色剂,是我国传统的釉下彩装饰。青花瓷以景德镇窑制品为代表,其沿烧时代最久远,产量最大,质量最好,也最富民族特色,深受海内外各族人民所喜爱。

用金属钴做釉色始于唐代,盛唐时即有白釉蓝彩器物,宋元时期从西亚进口的钴料渐多,青花瓷迅速发展起来。青花的出现是一件具有划时代意义的大事,它在洁白的瓷上画上蓝色的纹饰,素淡、高雅、清新,充分发挥了瓷器的特点和优点,因而充满了生命力。在瓷器上自由作画,也为大手笔提供了新型的画面,使瓷器成为优美的艺术作品。传世作品中有英国大英博物馆藏青花海水云龙纹瓶,元至正十一年（1351年）款，是早期青花作品。明初从南洋进口"苏麻尼青""苏泥勃青"釉料，青花瓷更有提高，出现了明永乐、宣德、成化年间青花瓷的鼎盛时期。

明朝历代帝王都在景德镇设立官窑，洪武、永乐、宣德、成化、正德、嘉靖、隆庆、万历八朝官窑，各有特色。永乐的甜白，宣德的祭红，成化的斗彩，正德的素三彩，都属一代名瓷，而宣德的青花达到了青花瓷类的顶点。宣德官窑又称宣窑，选料、制作、画器、题款都十分讲究。祭红用红宝石作原料，壶、碗等器皿用朱砂制成，青花则用苏泥勃青进口原料制成，色泽浓艳，釉中有黑色结晶斑。中国历史博物馆藏有明宣德青花海水双龙扁瓶，造型奇特，长颈，扁圆腹，平底。画工艺术修养极高，所画双白龙奔腾在惊涛骇浪之间，威武雄壮，气势磅礴。蓝白色搭配微妙入神，表现力极强。馆藏宣德青花竹石芭蕉瓷瓶是一个装酒瓶，釉色幽艳，清新腴润，画面以潇洒流畅线条勾绘出竹石、芭蕉小景，俨然是一幅文人画。宣德官窑瓷器一般都有款识，如"大明宣德年制"，字体多为仿宋，隽永秀丽。

各地的民窑也纷纷制造青花，景德镇民窑有"大明年制"款识的青花，纹饰多种多样，并且有"天永佳器""万福攸同"等吉祥语，深受民间喜爱，青花瓷成为民间用瓷的主流。

明清:中国瓷器全盛时期

明清两代中国的瓷器蓬勃发展,无论是在造瓷业的规模上,还是在工艺、造型和装饰上,都达到了空前繁荣的局面,形成中国瓷器的全盛时期。

明清两代,景德镇是全国造瓷业的中心。当时人称"景德产佳瓷,器成天下走"。产品流通国内外。乾隆时期的景德镇,民窑连成数十里,"终岁烟火相望,工匠人夫不下数十余万"。每到夜里,各窑炉口,烈火熊熊,整个城市彻夜通红,十分壮观。明代官窑年产一万件,到了清乾隆年间年产数十万件。民窑产量多得无法统计。明清的制瓷工艺也有较大发展,轮转旋刀代替了竹刀旋坯,提高了制坯质量和效率,"吹釉法"代替了"蘸釉法",提高了施釉技术水平。釉色则更为绚丽夺目,丰富多彩。除了斗彩、五彩和青花五彩,还有蓝彩、墨彩、金彩、粉彩、釉下五彩和珐琅彩。器形种类繁多,装饰题材丰富繁复。

斗彩始于成化,是明代著名的新品种,其制法是先用青料勾画花纹轮廓,上釉后再施各种色彩,才算完成图案设计。出窑后,形成釉下彩与釉上彩争奇斗艳、相映生辉的艺术效果，中国历史博物馆藏有"大明成化年制"款的婴戏杯，色彩艳丽，奇秀无比，是传世中成化瓷中的珍品。

五彩是釉上多彩，又称硬彩，盛行于明代嘉庆、万历时期。五彩不限于红、黄、绿、紫、青五种颜色，也不用青色勾画纹饰轮廓，易发挥绘画效果。绘者可根据画面需要，采用各种颜色来刻画主题纹饰，色彩有浓有淡，分若干层次。中国历史博物馆藏有"大明嘉靖年制"款五彩鱼藻瓷罐，是嘉靖时代的杰作。

粉彩又称软彩，创制于康熙，盛行于雍正、乾隆。其制法是先在瓷面施以铅粉，然后在粉上施彩，色彩减淡后运笔更为流畅，随意绘画，情调柔和。红彩出窑后呈粉红色，绿色呈淡绿，适合花卉、虫蝶图案。故宫藏有雍正粉彩团花蝴蝶纹碗，白釉上饰团花五组，每组有一对姿态各异的彩蝶，衬以花卉。蝶翼脉络清晰可辨，花卉色彩绚丽，层次分明，是一件难得的珍品。

清代的画珐琅，又名瓷胎画珐琅，是瓷器釉饰的新品种。这种绘瓷彩料是用近代化学方法提炼，色彩控制准确，画面有类似油画的效果。制作初期，画料由西洋进口，经过康、雍、乾三朝艺术家的努力，终于掌握了它的色彩制作和施彩技巧，使画珐琅成为一种具有中国风格与特点的艺术品，受到帝王与皇室的宠爱，成为"内廷秘玩"。清初的画珐琅，多在半透明的瓷胎上绘以书法、诗词，配上大手笔的绘画，使画珐琅成为集瓷、画、诗、书法为一体的艺术品。清代画家宋三吉、张琦、邝丽南、贺金昆、汤振基、戴恒、邹文玉，意大利画家郎世宁，书法家徐同正、戴临，造瓷艺人宋七格、胡七有、邓八格，都参与制造画珐琅。艺术修养很高的怡亲王允祥、郎中海望、员外郎沈崳和唐英，负责内务府造办处的画珐琅制造各个程序。广州、扬州、北京都是画珐琅的制作中心，其中以北京制作的画珐琅成就最高。

中国制瓷技术的传播

中国与西方的贸易是从西汉时期开辟的丝绸之路时开始的，到了唐代瓷器成了重要商品，不断地运往西亚与欧洲。宋元时期，海运十分发达，大批瓷器从泉州、漳州、杭州、广州、扬州等港口出发，运往日本、朝鲜、印度。商船通过南洋到达海湾各国及非洲。明末，荷兰成立东印度公司，专门派船收购瓷器销往欧洲。刘子芬在《竹园陶说》中写道：

"海通之初，西商之来中国者，先至澳门，后则径趋广州。清代中叶，海舶云集，商务繁盛。欧土重华瓷，我国商人投其所好，乃于景德镇烧造白器，运至奥垣，另雇工匠……制成彩器，然后售之西商。"

瓷器成了西方王室、贵族炫耀财富的凭据，许多富商也以收藏中国名瓷为荣。康熙时期，中国制瓷业开始走上巅峰。欧美、亚非各国商人在中国购买大量瓷器，返销本地，获得了巨大的商业利益；沙俄也开始在中国订烧各种瓷器。与此同时，欧洲人派员潜心钻研中国的制瓷技术，并开发本土的瓷石、瓷土，仿制中国瓷器，就地产销。

欧洲最早批量生产中国瓷器的是荷兰。明代中叶，荷兰首先购进大批瓷器销往欧洲各国。由于它从瓷器贸易中获得了丰厚的商业利润，刺激了本国实业家投资办厂。1600年前后，荷兰率先办起了代尔夫特窑，仿制中国的青花瓷。1627年，意大利比萨城人制成软质青花瓷器，以后积极模制青花瓷器。1680年，法国鲁昂窑仿制青花瓷器。1708年，德国迈森人伯特格制瓷成功，并能仿制中国的白瓷、红瓷、宜兴窑器。1717年，德国迈森窑生产中国的彩瓷。1750年，英国人也发现了本国的瓷土，开始烧制仿中国瓷器，主要是中国的建窑器。1759年，西班牙人从意大利带回了瓷土标本和技术工人，在本国设立瓷场，名曰"中国瓷场"。1760年，丹麦兰塔厂烧出中国青花瓷。1780年，俄国人刚刚建立自己的瓷窑。1890年,美国人纯顿制出了真正的瓷器。至此,欧美才结束了长期无法制作瓷器的历史。

与中国接壤或比邻的朝鲜、越南、日本,很早就学会了中国的制瓷技术。波斯从11世纪便学会了制瓷法,并把这种方法传到叙利亚、伊拉克、土耳其等西亚国家。早期的波斯瓷与阿拉伯诸国的瓷器,或多或少保留着中国的风格。日本在17世纪早期开始生产"有田烧"。1641年,有田瓷的彩绘技巧已经成熟,并仿制中国瓷器,通过荷兰东印度公司销往欧洲各国。

陶瓷作为一种艺术和文化形态,已经从中国传遍全世界。现代陶瓷也已经进入高科技领域,成为汽车与飞机发动机的零部件。当我们回顾陶瓷全部历史的时刻,我们不能不对我们祖先的创造精神表示钦佩!

漆 器

漆器，中国人民的重要发明

漆器是我国古代劳动人民的一项重要发明。漆，又称大漆，是从漆树割取的天然液汁提取的。漆树的液汁成分有漆酸、漆酚、漆酶、树胶质及水，其中漆酸（$C_{14}H_{18}O_2$）在空气中吸收氧，脱水后逐渐变稠，称为熟漆。用它作涂料，具有耐潮、耐高温、耐腐蚀等作用，可以制作成生活用品。如果加上其他材料，做成彩绘，光彩照人，又可成为美术品。

尽管漆的化学成分在 20 世纪才搞清楚，但考古发掘证明，在新石器时代我国劳动人民就开始制作和使用漆器。浙江余姚河姆渡文化里出土了一个木碗，上面有朱红涂料，色彩鲜艳，物理性能与漆相同。江苏吴江梅堰新石器时代遗址中发现了漆绘陶器。辽宁敖汉大甸子古墓中发现了觚形薄胎朱漆器。漆器从来没有当作青铜礼器那样使用过，它的发生发展始终与日常生活密切结合。

随着漆器制作技术水平不断提高，漆器作为一种工艺美术品也迅速发展起来。在商代中期，已有雕花涂色并加松石镶嵌，有的漆器还有蚌壳、蚌泡、玉石镶嵌。到了西周，已出现盘、豆、瓢、罍多种器形，并出现用蚌片、蚌泡镶嵌的早期螺钿漆器。东周漆器种类多，色彩全，并逐渐渗透到社会生活的各个方面，如：

在饮食器方面，有盘、盂、卮、樽、杯、勺、匕；妆奁器有奁、盒、梳、箆、匜、鉴；家具有床、几、案、箱；在仿铜礼器方面，有鼎、豆、壶、钫；兵器有甲胄、矢箙、剑椟；陈设品有屏座；交通工具有车与肩舆；丧葬用具有棺、笭床、镇墓兽。

总之，凡木、竹、皮等器物，为其美观或经久耐用，大都经过髹漆。在漆器胎骨的制作方法、造型及装饰技法上也有创新，已有使用"脱胎法"制作的夹纻胎漆器，即用多层麻布或缯帛按照泥、布类内模脱出的器胎，这是漆工史上巨大的进步。汉代出土的漆器种类多，数量大，保存完好，为人们研究汉代漆器提供了新资料。从这些资料来看，可以知道汉代已出现了戗金和堆漆，用金或银箔嵌贴或镂刻人物鸟兽纹饰。唐宋时期的漆器达到空前水平，镂刻錾凿，工艺高超，剔红漆器已经出现。到了元代，出现了雕漆。明清是漆器全盛时期，除了有一色漆器外，还有罩漆、描漆、堆漆、填漆、描金、戗金、螺钿、犀皮、剔犀、剔红、款彩、百宝嵌等品种。所谓百宝嵌，是用各种贵重材料如珊瑚、玛瑙、琥珀、玳瑁、玉石做成嵌件，镶成五光十色的凸起纹饰，绚丽华美，光彩照人。这一时期还出现了古代漆工专著，即明代由黄成撰、杨明注的《髹饰录》。它记述了漆器的制作方法、原料、工具、漆工禁忌等，是对明以前历代漆器制作方法的总结。

漆器如同瓷器一样，很快流传到东亚、东南亚各国。朝鲜、日本、缅甸、泰国、印度把中国的漆艺学到手，又结合本民族的艺术特点，制成独具民族特色的各国漆器。我国漆器经过波斯、阿拉伯人之手，传入欧洲。从此，欧洲开始出现仿制的中国漆器，后来又制作"洛可可"风格的艺术品。大抵说来，世界各地的漆器都受惠于我们祖先的发明。

汉代的漆器

汉代的漆器，全面继承东周以来的漆工技法，并在此基础上又有创新，形成了我国漆器工艺史上的一个高峰。汉代漆器传世的很少，大都是墓葬出土的，一般腐朽的较多，保存完好的有湖南长沙马王堆、湖北江陵凤凰山和云梦大坟头汉墓。其中马王堆汉墓中保存的漆器尤为完好。

马王堆汉墓开启后，棺椁四周边箱都有漆器出土，布图包括髹漆的兵器和乐器，共计316件。器形有鼎、盆、壶、钫、盒、盘、卮、匕、勺、耳杯、耳杯盒、奁、匜、案、几、屏风、箕等。其中耳杯计174件，盘68件，鼎6件。漆器大多是木胎，也有夹纻胎和竹胎，纹饰方法有漆绘、粉彩和锥画三种。墓中出土漆奁计15件，其中一件奁保存着著名的帛书和帛画，还有一件奁保存着极为珍贵的漆缅纱冠。

漆绘，是用生漆制成半透明的漆液，渗入各种颜色，描在已涂好漆的器物上，色泽光亮不易脱落。奁、耳杯上的纹饰，大部分是用这种漆绘的方式画上去的。用针尖在涂好漆的器物上刺刻花纹，称为锥画。用油汁加上各种颜色作调色料，用此方法称为油彩。马王堆出土的大型漆盘以及漆奁上的纹饰，即用此法。漆奁先用白色凸起的线条勾边，然后用红、绿、黄三色勾填漫卷的云气纹，色彩灿烂，极为华丽。

在罗、纱上涂上漆液，称为漆纱；用漆纱做成的帽子，称为"漆缅纱冠"。马王堆墓出土的这件漆缅纱冠，外表乌黑、挺括，具有耐水、耐腐蚀特性，反映了我国汉代织物涂层整理的技术水平。

汉代漆器中流行在口边镶镀金银铜箍，在杯的双耳上镶镀金的铜壳，称为"银口黄耳"或"扣器"。马王堆汉墓中的一件漆卮，里面是夹纻胎，耳、钮有鎏金铜环，内施朱漆，外髹黑漆为地，针刻二龙首怪兽，相间阴刻云气纹，细如游丝，流畅奔放，是当时最为名贵的一种。当时，还有的漆器镶有水晶或玻璃球，别有一番情趣。

一件漆器从设计到成型，要经过许多工序。按工种不同，可分为"素工""髹工""上工""铜耳黄涂工""画工""汨工""清工""造工"等。昂贵的漆器往往有铭文，记述漆工匠人制作程序。如贵州清镇平坝出土耳杯铭文："元始三年，广汉郡工官造乘舆髹汨画木黄耳杯。容一升十六龠。素工昌、髹工立、上工阶、铜耳黄涂工常、画工方、汨工平、清工匡、造工忠造……"素工就是制木胎的；髹工，就是漆工，即初步涂漆；上工，则是进一步涂漆；铜耳黄涂工是在漆器上镶铜耳、铜箍和镀金；画工是在器物上画花纹；汨工是雕刻铭文、花纹的；清工是修理、洗净即将制成的漆器，最后检验产品的；造工是作坊的负责人。每道工序都有专人负责。

管理漆工的官吏有护工卒史、长、丞、掾、令史，护工卒史是中央政府中的少府所委派，权力很大。一件漆器的最终成型，需经过许多漆工的共同努力；如果是官工生产，又需层层行政长官把关，最后才能送到朝廷上去。每一件漆器都凝结了漆工的血汗。《盐铁论·散不足》指出："富者银口黄耳，金罍玉钟；中者舒玉纻器，金错蜀杯。""夫一文（纹）杯得铜杯十。""一杯棬用百人之力，一屏风就万人之功。"从这些文字可以看出，一件绘有花纹的漆杯，可与十件铜杯等值；制作一件漆杯，需要百人的劳动；制作一套屏风，需要万人的劳动才能完成。蜀郡和广汉郡是西汉制造漆器的中心，每年制造大批漆器供宫廷使用，为此政府设立三工官，据《汉书·贡禹传》记，每岁费5000万钱。由此可知汉代漆业的规模。

金银平脱、剔红和犀皮

唐宋时期的漆器技法更为多样化，质感、色彩、技艺都达到了空前的水平。其中金银平脱、剔红和犀皮都是这个时代的新品种。

金银平脱，是把金片、银片刻成花纹图案，有如现在的剪纸一样，然后把它贴在漆胎上，再涂上几层漆，干后打磨推光，使器物表面出现闪闪发光的金银纹饰。这种技法比起汉代的金铜耳扣精美得多，金、银与漆器已融为一体。

剔红始于唐宋，盛于元、明、清，是雕漆中的一个品种。它的制法是用调好的漆一层层涂在器胎上，积累到相当厚度，然后用小刀雕剔出各种花纹来，称为剔红。如果是红漆，就叫"剔红"或"雕红"，黑漆叫"剔黑"，彩漆叫"剔彩"。《髹饰录》记："剔红，即雕红漆也。髹层之厚薄，朱色之明暗，雕镂之精粗，亦甚有巧拙。"《燕闲清赏笺》记："宋人雕红漆器，如宫中用盒，多以金银为胎，以朱漆厚堆至数十层，始刻人物、楼台、花草等像。刀法之工，雕镂之巧，俨若图画。有锡胎者，有蜡地者，红花黄地，二色炫观。有用五色漆胎刻法，深浅随妆露色，如红花绿叶、黄心黑石之类，夺目可观，传世甚少。又以朱为地刻锦，以黑为面刻花，锦地压花，红黑可爱。然多盒制，而盘匣次之。"唐宋剔红作品传世甚少，元、明、清剔红较多，为我们欣赏剔红提供了条件。

元代雕漆作者张成、杨茂最负盛名。《嘉兴府志》载："张成、杨茂，嘉兴府西塘杨汇人，剔红最得名。"现传世张成作品有一件栀子花剔红盘，红漆肥厚，约百十道漆层。盘心盛开栀花一朵，其他四朵含苞待放，花叶布满全盘，无锦地，筋脉舒卷有力，浑厚圆润，气韵生动。还有一件剔红山水人物圆盒，表面为朱红罩漆堆起，约有80道漆层，呈枣红色，里面及底部均用光漆，呈栗子皮色，盒底有针刻"张成造"三字款。这些作品代表着元代和明初的艺术风格。传世中的张成造剔犀漆盒也是一件珍宝。盒呈圆形，盒盖与盒底周缘均雕云纹三组，堆漆肥厚，比明代剔犀丰腴甚多。刻工圆润，漆光莹滑照人，趣味古朴醇厚，是张成的一件杰作。

犀皮，又称西皮或犀毗。这种漆器表面光滑，花纹由不同颜色的漆层组成，富于变化，漫无定律，有的如行云流水，有的如古柏鳞皮。《髹饰录》称："犀皮，或作西皮，或犀毗。文有片云，圆花，松鳞诸斑。近有红面者，以光滑为美。"其制作方法是用"打捻"的办法，捻成纹饰，即施漆后未干时，用手轻轻推捻出纹，再施漆再推捻，反复数十次，干后磨平打光，呈松鳞状花纹。有的人称犀皮如犀脐，坐卧磨砺，因而色极光润。也有人认为是"西方马鞯，自黑而丹，自丹而黄，时复改易，五色相叠。马镫摩擦有凹处，粲然成文，遂以髹器仿为之"。不管它的名称来历如何，它的纹饰天然流动，色泽灿烂，别有一番情趣。传世作品中有明清的犀皮盒，纹若片云，令人爱不释手。

填漆、螺钿与百宝嵌

填漆是我国古代漆工技艺中发明较晚而成就最高的一个品种,可以说是集古代漆艺的大成。填漆器的制法是先在胎上涂一层很厚的底漆,然后再上表漆。底漆和表漆处理方法不同,又分成四个品种:磨显填漆、镂嵌填漆、绮纹填漆、斑纹填漆。

磨显填漆,是在底漆上用彩漆画好图案,然后上表漆,干后再磨去表漆,露出图案。图案与表漆齐平,妍媚光滑,宛如天生。镂嵌填漆则是在底漆上用刀雕出图案,然后将彩漆填入刀痕,干后磨光即可。绮纹填漆,也称填刷纹,即在底漆故意留出刷痕,再涂色彩与底漆不同的表漆,磨光即可。斑纹填漆又称彰髹,即在底漆上印出凸凹不平的痕迹,如豆壳、粟壳一样,然后填彩色表漆,最后磨平,即产生五颜六色的斑纹。斑纹也有很多品种,如叠云斑、豆斑、粟斑、蓓蕾斑、晕眼斑、花点斑、青苔斑、雨点斑、虎纹斑、犀花斑、鱼鳞斑、雉尾斑、石绺斑纹等。"凡一切造物,禽羽、兽毛、鱼鳞、介甲,有文彰者皆象之。"(《髹饰录》)彰髹变化繁多,彩华瑸然,"其类不可穷也"(《髹饰录》)。可惜许多品种只见记载，不见实物，疑为失传的绝技。

螺钿，又称甸嵌或陷蚌，是古代漆器装饰花纹的一个品种。其制法是用蚌壳施工磨制，镶嵌于漆器表面，称为螺钿。这种装饰商代就开始出现，到周代已经流行，明清两代开始盛行。螺钿壳片取材于钿螺、老蚌、车螯、玉珧各种不同的贝壳。贝壳有薄有厚，薄螺钿适合薄胎家具，如明清两代的漆案、琴桌、柜架；厚螺钿适合胎骨较厚的家具和器具。螺钿的颜色各异，有的洁白如玉，有的青色闪绿光，有的淡青色闪红光，有的深青色闪蓝光。漆工可分截壳色，随彩而施，配合花纹画面，起到设色的艺术效果。螺钿不仅适合设计花纹，还可设计成人物、鸟兽、建筑、自然景观。元大都遗址出土一件薄螺钿广寒宫黑漆盘残件，宫宇、云气、树木随彩施缀，熠熠发光，五彩缤纷，意境十分饱满。唐墓出土的唐人物花鸟纹嵌螺钿镜，人物生动，画面充实，具有很高的审美价值。螺钿加金银片，称金银甸嵌，清初婴戏图方箱即属此类。此箱图案画本出色，嵌法工绝，人物刻画极为细腻，幼童捉迷藏神态各异，或呼若有声，或笑不能忍，极具天真活泼之趣。

百宝嵌，是用珊瑚、琥珀、玛瑙、宝石、玳瑁、钿螺、象牙、犀角等贵重材料，镶在彩漆板上，如挂屏、柜门之类器物。这是一种非常贵重的漆器。在汉代，帝王的笔管才用此法。明末清初，百宝嵌渐渐多起来，当时名匠周柱善镶奁匣，精妙绝伦，时称周嵌。钱泳《履园丛话》记：

"周制之法，惟扬州有之。……其法以金、银、宝石、真珠、珊瑚、碧玉、翡翠、水晶、玛瑙、玳瑁、车渠、青金、绿松、螺钿、象牙、蜜蜡、沉香为之，雕成山水、人物、树木、楼台、花卉、翎毛，嵌于檀、梨、漆器之上。大而屏风、桌椅、窗槅、书架，小则笔床、茶具、砚匣、书箱，五色陆离，难以形容，真古来未有之奇玩也。乾隆中有王国琛、卢映之辈，精于此技。今映之孙葵生亦能之。"

各种嵌料，依画稿内容选用。如乾隆岁朝图八方盒，天竹以珊瑚作株，绿色染牙作叶，蜡梅以瀀鹅木作枝，蜜蜡作花，紫晶作葡萄，绿松石作果实，岫阳石作石榴，青金石作松枝，使整幅画面天然成色，相映成趣。

《髹饰录》：我国仅存的漆工专著

尽管我国漆艺历史非常悠久，漆工技艺非常高超，但是留下的漆工著作却极为罕见，寥若晨星。五代时朱遵度著有《漆经》一书，仅见《宋史·艺文志》著录，惜已散佚。造成这种现象，部分原因是漆工文化素质较低，无法把自己的经验总结出来，写成文字；部分原因是士大夫们追求名利，只钻研圣人经典，而将漆艺这门学问视为雕虫小技。多亏明代黄成写了一部《髹饰录》，我们才有机会洞察古代漆艺中的绝技。

黄成，号大成，新安平沙人，是明代隆庆年间（1567—1572年）的一位杰出的漆工，被誉为"一代名匠，精明古今之髹法"。他所做的剔红作品，可以和明代专为宫廷制造漆器的果园厂相媲美。黄成的刀法圆活清朗，所雕人物、花卉生动活泼，他的一件漆盒可卖到3000文，价值昂贵。他本人有丰富的髹饰经验，又考察了古今传世漆器，写出了带有总结性的漆工专著《髹饰录》。脱稿之后，又经另一位名匠杨明逐条加以注释，使之成为一部比较完整的漆工著作。

《髹饰录》全书分乾、坤两集，共18章186条。乾集讲漆器制造的原料、工具、方法和制作技术上的得失；坤集叙述了漆器的分类和数十种装饰方法。通过《髹饰录》，我们认识到中国古代的漆器丰富多彩到什么程度。以坤集《复饰》一篇中"洒金地诸饰"条目为例，可见一斑。仅仅洒金地一种漆地，经黄成所列，就有11种做法：有金理钩螺钿、描金加蜔、金理钩描漆加蚌、金理钩描漆、识文描金、识文描漆、嵌镙螺、雕彩错镙螺、隐起描金、隐起描漆、雕漆等。正如杨明所说:"今之工法,以唐为古格,以宋元为通法;又出国朝厂工之始,制者殊多,是为新式。于此千文万华,纷然不可胜识矣。"我们今天能够考察唐、宋、元、明四朝漆器作法,全靠此书。

黄成以他自己丰富的运刀经验,判断出历代工匠的刀法特点,从而为我们漆器的断代提供了科学的依据。他在"剔红"一条指出:"唐制多印版刻平锦朱色,雕法古拙可赏;复有陷地黄锦者。宋元之制,藏锋清楚,隐起圆滑,纤细精致。"通过鉴别刀法是快利古拙,还是光滑圆润,可以判断是唐还是宋元作品。作为一代名家,黄成在漆器创作上反对制造假古董以欺人贪价,如果仿制古器,"有款者模之,则当款旁复加一款,曰:某姓名仿造"。这种严肃的态度,反映了一个真正的艺术家的道德品质。

漆艺的东传:日本漆器

朝鲜半岛、日本列岛、琉球群岛和中南半岛上的一些国家和地区气候温润,适合漆树生长。这些国家和地区的人民好学又灵巧,他们从中国学来漆艺,自己又有所发明创新,形成了本民族的风格特点，在一定程度上反过来影响了中国的漆艺。

古代朝鲜称百济、新罗。《鸡林志》记："高丽黄漆生岛上，六月刺取，沉色若金，日暴则乾，本出百济，今浙人号新罗漆。"朝鲜早期漆艺都受到中国蜀郡、广汉郡的影响，以后漆艺逐渐成熟，"丹漆缯帛，皆务华好""丹漆间错，涂金为饰"，自产"螺钿之工，细密可贵"。后来经朝中贸易，朝鲜漆器也传到中国，有些漆工模仿出售。唐代缅甸称骠国，与我国西南少数民族接壤。缅甸漆器纹饰以热带动物为长，所雕猛狮举爪张吻，势极雄伟。我国云南少数民族滇漆器在形制和技法上颇受缅甸漆器影响。琉球人善治漆，枪金、剔红、描漆、黑漆器螺钿均有创建。《髹饰录》杨明注："近琉球国产（剔红）精巧而鲜红，然而工趣去古甚远矣。"康熙年间琉球曾进贡清廷黑漆嵌螺钿茶碗。19世纪还有中国漆工滞留琉球，制造漆器。以漆器而论，中日两国的漆器关系最为密切。

日本的漆艺是从中国传过去的，正仓院保留到现在的琴、剑、漆镜是最好的见证。夹纻胎佛像及其制法，则是鉴真和尚在天宝年间带到日本的。宋元明期间，又引进剔黑、剔红、戗金器。日本的髹饰工艺在中国的基础之上又有很大的发展，特别是极美的描金工艺，成就甚高，明清两代称为"倭漆"，在日本则称"莳绘"，有"平莳绘""高莳绘""研出莳绘"之别。其中描金或泥金画漆为"平莳绘"成就最高。

明人高濂在《遵生八笺》中列举了当时人见到的许许多多的描金倭漆作品，为中国漆工所赞赏，如描金圆盒、金边红漆三屉撞盒、洒金文台手箱、涂金妆彩屏风、描金粉匣、贴金扇匣、洒金木铫角盥桶盂、书橱、金银片嵌光顶圆盒、酒注、酒盂、酒盘、茶杯、茶盘、茶几，"种种器具，据所见者言之，不能悉数，而倭人之制漆器，工巧至精极矣"。其中有一件书橱，设计"妙绝人间"，"上一平板，两旁稍起，用以搁卷。下此空格盛书，傍板镂作绦环，洞门两面，镌金铜滚阳线。中格左作四面板围小橱，用门启闭，镌金铜铰，极其工巧。右傍置倭龛神像，下格右方，又作小橱，同上规制，较短其半，左方馀空。再下四面虎牙，如意勾脚，其圆转处悉以镌金铜镶阳线钤制。两面圆混如一，曾无交接头绪，此亦仅见"。

由于日本漆艺水平极高，况且又有异国情趣，使得明代名家相继仿制，其中杨埙、方信川、蒋回回作品尤佳。《遵生八笺》记："有漂霞、砂金、钿嵌、堆漆等制，亦以新安方信川制为佳。如效砂金倭盒，胎轻漆滑，与倭无二。"蒋回回的漆器作品被当时人称为"蒋制倭漆","若吴中蒋回回者，制度造法，极善模拟，用铅钤口。金银花片，峋嵌树石，泥金描彩，种种克肖，人亦称佳"。从中日两国漆艺交往中我们得知，漆器作为艺术中的一个门类是没有国界限制的。一门艺术只有在互相交往中才能有所提高，拘泥于古、抱残守缺只能窒息艺术的生命。

一代名匠卢葵生

钱泳在《履园丛话》里提到，善治百宝嵌者有卢映之、卢葵生。卢映之生活在名家荟萃的扬州。他技艺非凡，不仅在镶嵌漆器方面有很深的造诣，而且在雕漆、漆沙砚方面均有独创。他做的漆器，胎骨坚实，漆汁浓厚，所雕桄（几）、巌（俎）、幌（洗丝用器）、匡（筐）、椷（木盘）、禁（承酒器），"雕饰所到罔勿精"。乾隆时诗人袁枚为他制作漆盘作铭时称赞其器色彩夺目，写下这样的诗句："阴花细缬珊瑚明，赪霞隐隐东方生。"

卢葵生是卢映之的孙子，全面继承了卢家的风格，其名声也超过了卢映之。《桥西杂记》称："漆沙砚以扬州卢葵生家所制为最精……凡文玩诸事，无不以漆沙为之。制造既良，雕刻山水花鸟之文，悉臻妍巧。"卢葵生除漆沙砚见长外，还擅长造像。传世作品中有一尊观音坐像，木胎上紫漆，紫漆罩金漆；发髻涂石青，胸间璎珞嵌绿松石；衣纹刀法流畅自如，随势而摆。观音面貌沉静慈祥。整个神趣，不以浑厚取胜，而以妍秀见长，是一件精美的艺术品。

据清人笔记载，卢葵生曾经为顾二娘髹饰过砚匣。《萝窗小牍》称："卢栋，扬州人，善髹漆，顾二娘之砚匣，多其手制，其用朱漆者尤精。上刻折枝花卉或鸟兽虫鱼，皆非寻常画工所及。合作者始刻名款，否则止用葵生小印而已。"顾二娘，苏州人，雍正、乾隆间著名的制砚大家。藏砚家黄任钦佩顾氏技艺，曾赋诗："一寸干将切紫泥，专诸门巷日初西。如何轧轧鸣机手，割遍端州十里溪。"由此顾氏名重一时，仿制者也比比皆是，赝品应运而生。

顾氏去世后，有些藏有真品的人，可能托卢葵生制作砚匣。由顾氏制砚、卢氏制匣的传世作品，我们没有发现。但是由卢氏亲手制砚制匣的传世作品，却有一件。此砚放置在带瘿木纹的楠木匣里，一个装有四个小轮子的活屉盛放砚台。活屉上有一夹层，盛放两件仿单，其中一件仿单有点像现代的产品证明书。砚台宽8.5厘米，长14.6厘米，厚1.9厘米，重119克，黑色并带有发亮的细沙粒。砚底及盖都罩紫漆。砚底有阳文印"卢葵生制"四个字。这台砚质量很轻,色泽有些像歙石,发墨性能极好,是一块难得的艺术品。砚盖为螺钿镶嵌,两枝折枝的梅花一直一弯,掩映取势。梅花用螺钿琢成,花瓣饱满,色泽润目。其中较大一朵梅花,花心用红色料珠嵌成,花蕊及花须用阴纹刻出,钿片闪闪发光,整个画面给人以立体感。

卢葵生还有三把阴纹雕刻的锡胎漆壶流传于世,被鉴赏家所称道。一把呈角质沙屑,有黄白色碎点闪光,灿若繁星。一把呈"绿沉漆",古拙质朴,壶面上有一老人在树下曳杖而行,刀法流畅,线条飘逸。一把仿紫砂漆壶,若不细看几乎同紫砂器作一样,上面有铭诗四句:"竹叶浅斟,梅花细嚼。一夕清谈,几回小坐。"耐心琢磨,意趣无穷。卢氏运刀如笔,常能把画稿上的笔势一气呵成,可见功力极深。

卢葵生的艺术成就之所以高,是与他的文化修养分不开的。汪鋆《扬州画苑录》卷二记卢葵生:"先生为人敦谨谦恭,不苟言矣。少与张老薑(镠)均以画受益于沧州张桂岩先生。"顾千里《漆沙砚记》写卢葵生其人,"乐易近道,高雅通古",除漆玩能传其家外,"尤擅六法,优能入品,交游多文学之士"。正是由于卢葵生有深厚的诗、书、画、历史修养和文学上的熏陶,才能跳出匠人窠臼,成为才华横溢的艺术家。

清代造办处的漆器制作

清代康熙、雍正、乾隆三朝在紫禁城养心殿造办处各"作"承做各类器物。有些优秀工匠被召募到造办处当差，也有的是由造办处委托地方当局承做各种器物，形成了以养心殿造办处为中心的制作网，其器物的工艺代表着清代最高水平。各"作"门类有铸炉处、如意馆、玻璃厂、珐琅作、牙作、画作、皮作、弓箭作等数十个。漆作是其中之一，设在紫禁城与圆明园内。其他各省当然也承办朝廷所交差事。养心殿造办处有一部清档，记录着各作承做过程，包括制作的名称、种类、数量、工艺要求、制作时限等，从中我们可以核实故宫博物院所藏传世艺术品的历史存档。

无论从文物角度来看，还是从文献角度来看，故宫所藏的宫廷用品大到屏风，小到鼻烟壶，皆为清代第一流艺术品。漆艺品种也十分繁多，朱漆和黑漆、金漆和彩漆、描金和洋漆、填漆和雕漆、阳识和堆起、皮胎和桊胎，历史上所存传统髹饰方法，样样俱全。作品有盘、桌、几、床、痰盂、书橱、笔管、砚盒、碟、碗、杯、勺、多宝格、帝王宝座、所供菩萨、佛龛等，几乎囊括皇室一切生活领域。其中剔红云龙宝座、剔红百宝嵌荷花屏风宝座是国宝。雍正款的描漆云龙双圆式盘、描彩漆花鸟圭式盘和描油花蝶长方盒、彩漆描金桃蝠方胜式几、紫檀描金椅也都是漆器中的珍品。故宫博物院可以说是皇家漆器的博物馆，所藏漆器全出自第一流漆工之手。从清档中，我们知道一些名家：有左世恩、佛宝、六达子，他们自己有手艺，也是漆作的管理人员。洋漆匠李贤，洋金匠王云章，彩漆匠孙盛宇、王维新、秦景严，漆工王四、柳邦显、达子、段六、苏七格，都是髹饰好手。书家戴临，在漆碗上摹写诗文，如锦上添花，更给漆器增加光彩。著名的牙雕家兼任雕漆工作，使雕漆技艺出现新风格。

由于皇室、王公、权臣都很喜欢漆器，内务府总管海望、年希尧也成了漆器制造专家。有一段清档可以证明："雍正十年六月二十七日，内大臣海望奉上谕：'着传年希尧将长一尺八寸，宽九寸至一尺，高一尺一寸至一尺三寸香几做些来；或彩漆，或镶斑竹，或镶棕竹，但胎骨要轻妙，款式要文雅。再将长三尺至三尺四寸，宽九寸至一尺，高九寸至一尺小炕案再做些；或彩漆，或镶斑竹，或镶棕竹，但胎骨要淳厚，款式亦要文雅。钦此！'本日交内务府总管年希尧家人郑天锡抄去。"清档还记载了海望亲自为漆器设计图案，可见时人对漆工艺术的珍爱。

丝 织

丝织，中国古代劳动人民对世界的杰出贡献

纺织业是所有早期文明社会里最为关心的一件大事。不解决衣着问题，就无法抵御寒冷的冬天，人类也就无法继续生存下去。

就纺织业而言，古埃及人有自己的创建。古代中国人也在新石器时代便奠定了自己的纺织系统，其中丝织业则是对全人类的杰出贡献。

丝织品的原料是蚕丝，它具有强韧、弹性、纤细柔软、光滑、光泽、耐酸等一系列的特点和优点。蚕丝是由蚕吐出来的，最初的蚕虫全部是野蚕，属于鳞翅目昆虫。蚕丝的主要成分有丝素和丝胶。丝素是近于透明的纤维，不溶于水，

是蚕丝的本体；丝胶则溶于水，遇冷后又会凝固。要想使蚕茧缫成可供纺织的丝，必须在热水中脱胶。由蚕茧到丝织品，需要一系列复杂的工艺过程。

当我们回顾起丝织品发明的全部历程，不由对自己的祖先，特别是中国劳动妇女的智慧和巧思感到震惊。请想想看，世界上的昆虫多得无法计算，我们的祖先却能从纷乱的昆虫世界里发现了会吐丝的蚕虫，并且把它们从野蚕驯化成家蚕；蚕丝比人的头发细得多，我们的祖先却可以把蚕茧缫成丝，织成衣物。仔细推敲起来，这是何等神奇！即令我们拥有现代人的头脑也未必都能把蚕茧变成衣物，更何况这一切都发生在新石器时代！

新石器时代的纺织

中国古代的纺织业，可以追溯到旧石器时代中期。那时的原始群落已经能够制作出简单的绳索和网具，进行狩猎和采集活动。在这个基础上，又学会了磨制骨针，掌握了缝纫技巧。他们可以搓成细线，编织各种简易织物。进入新石器时代不久，就出现了最早的纺织工具——陶纺轮和原始纺织机——腰机。

最早的纺轮出现在河北磁山遗址，距今有7000多年。稍后有陕西半坡遗址、姜寨遗址、青海的乐都柳湾遗址。腰机上的重要部件是打纬刀和卷布轴，在河姆渡遗址中最早发现，距今已有六七千年历史。与此同时，还发现了一只象牙盅，上面刻有四条蠕动的虫纹，身上的环节数与家蚕相同，可以认为是蚕纹。河南郑州青台遗址发现了丝帛残片及十余枚陶纺轮，这是最早的实物证据，距今有5500年。最重要的线索是浙江钱山漾遗址，距今4700年。在遗址中发现一小段丝带和一块绢片，经专家鉴定，丝为家蚕蛾科的蚕所吐。从绢片的精细程度及丝的长度来看，当时的缫丝织绸技术已经相当成熟。在显微镜下观察，丝的纤维表面均匀光滑，没有捻度；从丝的横断面来看，丝胶已经脱落，说明是经过热水缫取的。同时出土的还有两把丝帚，很可能是缫丝工具——索丝帚。

　　纺轮是纺坠的主要部件。近代农村将纺坠叫作捻坠、绳拨子、羊骨头棒等。它呈圆形、扁平、中间有孔，孔中穿棒即可捻线。纺轮有陶制的，也有石制的，根据不同线料选用不同的纺轮。它的原理是利用自身重量和惯性，作为连续旋转纺线的工具，可以加捻，也可以起牵引作用，可以捻丝，也可以捻麻、毛、棉等其他线料，使用方法有吊锭法和转旋法。

腰机是世界上最古老的纺织机,某些边远地区的少数民族直到现在还保留着这种原始的织作方法。腰机主要部件有:前后两根横木,相当于现代织机上的布轴与经轴,另外一把打纬的木刀,一只杼子,一根比较粗的分经棍和一根较细的棕杆。织作时,织工席地而坐,利用分经棍形成一个自然梭口,杼子引纬,打纬刀打纬,如此交替而作。腰机器械简单,使用方便,因而具有顽强的生命力。

殷商的丝织品

商代的丝织品生产情况,到目前为止我们知道的不是很清楚。但是近三十年从商墓发掘出大量的玉蚕,说明那时养蚕业已经十分普遍。殷墟出土的甲骨文里,出现了桑、蚕、丝、帛等一百多个与纺织有关的字。甲骨文中的"桑"字,以生长许多柔软细枝叶的桑树来表示,有些"桑"字还有"女"旁,这说明采桑同妇女劳动联系起来。甲骨文中的"蚕"字,字形有好多种,有可能意味着不同品种的蚕。这个时期的丝织品产量不会太高,因而很贵重。在商代的墓葬里,只发现用它来包裹重要的礼器。

1937年,瑞典人西尔凡首先在马尔米博物馆和远东博物馆发现了铜器上与铜锈黏附在一起的丝织品残片。经过研究，确认这些残片平纹地上有菱形花纹的丝织品。以后故宫博物院在商代玉刀上也发现了云雷纹的图案。妇好墓的年代确切而又经过科学发掘，经过考古研究所化验分析，确知该墓丝织品已有很多品种，其中以平纹绢类居多，可辨认的有20余例。其密度，粗疏者每平方厘米有经丝20根、纬丝18根，组织孔隙明朗可见，可以说是一种纱织物；一般中等密度的约每平方厘米有经丝50根、纬丝30根左右；最密的为每平方厘米经丝72根、纬丝26根，不加捻，组织表现出经畦纹外观效果。此外，还有单经双纬（经重平组织，即后世的縑）和双经双纬（方平组织的绢绸），以及回形纹绮和纱罗组织的大孔罗。大孔罗经、纬丝都是正手加捻，每米大约有1500—2000个捻回。就目前所知，这是我国年代最早的纠经机织罗标本。此外，还发现了用朱砂涂染的绢织物，这是一个很重要的发现，它为我国朱染工艺技术的应用史提供了新资料。

汉唐：丝织业的鼎盛时期，丝绸之路的开拓与形成

汉唐两代是我国漫长的封建社会中的两大繁荣时期，也

是中国纺织业鼎盛的时代。汉代，中国的传统纺织业已经形成并初具规模。在纺织工具方面，缫车、纺车、络纱、整经工具、多综多蹑织机机构已经相当完善，束综提花机已经产生，各种丝麻产品种类齐全，纱、罗、绮、锦的花色品种日益增多。在印染方面，已经熟练地使用矿物和植物染料，并运用套染与媒染技术，出现了绚丽多彩的"金银印花纱"。唐代纺织技术更有提高，出现了变化斜纹组织向正规的缎纹组织的过渡，织物结构上的"三原"组织，即平纹、斜纹、缎纹至此已臻完整。

汉代的耳杯形菱纹花罗、对鸟花卉纹绮、隐花孔雀纹锦、凸花锦和绒圈锦都是高级丝织品，质地讲究，纹饰精湛，价值昂贵。唐代的丝织品纹饰更为考究，花纹经常以联珠对兽为主，有对孔雀、对鸟、对狮、对羊、对鸭、对鸡以及鹿纹、龙纹等象征吉祥如意的图案，还出现了团花、宝相花、晕绚花、骑士、胡王、贵字、吉字、王字等新纹饰。绞缬染色有红色、绛色、棕色绞缬绢、罗；蓝色、棕色、绛色、土黄色、白色、绿色、深绿色缬纱绢及绛色附缀彩绘绢，这些都是代表唐代织、印、染水平的丝织品。

大约在公元前 3 世纪，西方各国已经知道东方有个产丝的大国。大约在一个世纪以后，张骞出使西域。他回国之后，把西域各国情况汇报给汉武帝。武帝对西域各国采取积极的政策，这条丝绸之路才全线畅通。过去诸如锦、绣、绮、縠、杂缯这些贵重的丝织品只有君王和重臣才能穿。由于丝路的畅通，使得"各级人民，无有等差，虽贱至走夫皂卒，莫不衣之矣"。丝绸之路始于西汉，盛于大唐。长安则是亚洲的政治、经济、文化中心，也是丝绸之路的起点。出长安，穿过河西走廊，分南北两路穿过大沙漠，到达中亚、西亚和地中海东岸各国。丝路是东亚与阿拉伯、波斯和西方诸国经济、文化交流的纽带。

薄如蝉翼轻如烟：马王堆汉墓出土的纱罗

河北满城西汉中山王刘胜夫妇墓代表着西汉初期同姓诸侯王家族的墓葬，长沙马王堆汉墓则代表着西汉初年异姓列侯家族的墓葬。马王堆汉墓在湖南省长沙市东郊，墓主人是西汉初期长沙国丞相、轪侯利苍及其家属。利苍受封700户，治所在长沙国的都城临湘，也就是现在的长沙市。该墓在地面上有两个大小相仿的土冢，东西并列，距地面深16米处是墓底，长7.6米，宽6.7米。墓底和椁室周围塞满了木炭和白膏泥，封固严密，使椁室形成高标准的恒温、恒湿、缺氧的无菌环境，基本上排除了物理、化学、生物等因素对各种物质的损毁作用，所以墓内的多层棺椁、墓主尸体及随葬器物都完好地保存下来。女尸出土时，浸泡在无色透明的棺液中，肌肉尚有弹性。随葬器物有满盛衣物、食品和药材的竹笥、漆器、木俑、乐器、竹木器和陶器，总数达1000多件。其中丝织品和衣物品种多，保存完好，极大地丰富了汉代丝织技术的史料。

衣服和面料放置在竹笥中，其中有单、夹锦袍及裙、袜、手套、香囊和巾、袂计15件，单幅的绢、纱、绮、罗、锦和绣品，都以荻茎为骨干卷扎整齐，计46卷。

罗称菱纹罗，属提花纱罗织物，其图案共有菱形花纹两种，轮廓基本相同，内部结构稍异，全幅横排分别为十三、四枚各一行，上下有错，布局严谨。制作这种菱纹罗，必须有提花装置，每道工序，必须一丝不苟。

出土的锦，称为起毛锦。这种锦是用粗绒经线织成有高有低的两种绒圈，组成小矩纹，因为层次分明，故有立体感。制作这种锦，除了提花装置以外，还须两个不同张力的经轴，再加上起绒针，才能完成。

绣品有辫绣和铺绒绣两种。茶黄菱纹罗地"信期绣"丝绵袍、缃黄缣地"长寿绣"和黑菱纹罗"信期绣"属于辫绣，绣法细腻，针脚均匀，弧度一致，没有数十年的工夫做不出这样的好活。据老艺人讲，像"信期绣"这样的大型绣件，由手艺最熟练的工人来做，也须300多工方能绣成。这批织绣品色彩十分富丽，据统计有浸染色相39种，涂染色相7种，其中绛紫、烟色、香色、墨绿、蓝黑和朱红，染得深透均匀，很可能是用套染和媒染相结合染成的。最令人惊异的是一件素纱禅衣，长160厘米，两袖通长190厘米。领边袖口镶着5.6厘米宽的夹层绢缘。重量只有48克，不及1市两。这种素纱又称平纹方孔纱，经密与纬密均为每平方厘米62根，每平方米的绸重为15.4克。素纱的原料为桑蚕丝，平纹组织，孔眼均匀，结构细致，是秦汉以来制作夏服和衬衣的衣料。陆游在《老学庵笔记》中描述："亳州出轻纱，举之若无，裁以为衣，真若烟雾，谓即轻容也。"据说这种纱在亳州也只有两家能织，两家世世通婚，防止秘方传入外人。

马王堆汉墓出土的织锦、漆器，与满城汉墓出土的铜器和金缕玉衣在纹饰、技巧和意境上，在中国历史上是空前绝后、无与伦比的。它们之所以如此高妙，是因为丝织业从战国到西汉已经技艺成熟并达到顶峰状态，还是奴隶集体手工劳动的成果。这些工奴世代相袭，不计工时成本，技艺极高，宋、元、明、清工艺也无法与之匹敌。

日本正仓院中的唐代衣物

一般墓葬出土的丝织品,都很难保持原状。丝绸之路西段处在干燥的大沙漠,丝织品遗物保存良好,但仍以残片为主。保存最完整的唐代丝织品和衣物的地方,是日本东大寺的正仓院。

正仓院是日本奈良时代(710—784年)的一个仓库,位于奈良市东大寺大佛殿的东北面,是当时佛寺用以储藏各地作为租税缴纳的财物及信徒的捐献品之处。这个仓库是木构建筑,地板离地面很高,因而通风防潮。内部分北、中、南三仓,收藏着圣武天皇的遗物、贵族的献纳品及东大寺的有关器物。圣武天皇的遗物当时就称为国宝,并有说明其来源的献纳目录,即东大寺献纳帐。由于有朝廷和寺院的封条,致使其在历代动乱中保存下来。这些传世品有文献来源,保存良好,种类繁多,计有典籍文书、文房用具、家常用品、乐器、面具、衣物服饰、武器、工具、佛门用具、年节用品、香药类等,它们不仅是研究日本物质文化史的资料,也是研究中国唐宋文化与日中关系的重要史料。

正仓院里的古织品可分为麻、绢、毛几大类,织法有染织品、编织品、纺织品和刺绣。麻和绢的织品中书写着国郡、户主、户口、年月、主管人，从中我们可以看出它们的年代和来源。绢里有绊、罗、绫、锦等品种，锦里有缀锦、织锦、经锦、纬锦，还有蜡缬、夹缬、绞缬等花样布以及刺绣，纹饰豪华，组织细致，是极为优美的艺术品。

其中罗、锦许多工艺是从中国传到日本的，有的丝织品是从中国直接舶来的。许多品种和纹饰是在中国不容易看到的，其中有唐花唐子文锦、唐花文锦、茶地鸟兽花卉文锦、花鸟文锦、狮子七宝唐花文锦、连璧园狮猎文锦、狮啮文长斑锦、蜀红锦，都是我国输送到日本去的，其结构多属于2枚或3枚斜纹的纬线显花纬锦。唐花唐子文锦实物经密为每厘米150根，纬密为每厘米55根，其地纹颜色为淡绯红色，纬线显花的是翠绿和郁金两种，经线是8捻，纬线弱捻，面料柔软细腻，手感极好，纹饰铺张富丽，是唐代最优秀的丝织工艺品。保藏在正仓院的公元8世纪的大宝相华唐草文锦，代表着唐代纬锦的最高水平。唐式花纹佩饰优美的花叶纹饰，晕绚重彩，富丽而又典雅，具有极高的审美价值。

画入织物的缂丝

缂丝是我国优美的丝织工艺之一,是历史上最古老的大花纹织物,汉唐以来叫织成,后来又有刻丝、克丝、克色作等不同称呼。它属于平纹组织,织法的特点称"通经断纬",即经线同一般织物相同,纬线略有不同。它不用一梭到底的方法,而是根据不同花纹和不同色彩,把每梭纬线分成几段的断纬,用若干小梭分织。纬丝的色泽选择范围多达数千种,因此可以织成千姿百态、绚丽多彩的纹饰。缂丝面料的大小,可根据需要决定。大到被面,小到荷包,均可织造。由于纬丝色彩丰富,表现力强,可以把名人字画缂入织品。

庄绰(宋)的《鸡肋编》对缂丝做了这样的描述:"定州织刻丝,不同大机,以熟色丝经于木棦之上,随所欲作花草禽兽状,以小梭织纬时,先留其处,方以杂色线缀于经线之上,合以成文,若不相连。承空视之,如雕镂之象,故名刻丝。如妇人一衣,终岁可就。虽作百花,使不相类亦可,盖纬线非通梭所织也。"这里已把缂丝的织法及特点说得非常清楚了。如果要织成绘画作品,就先将画稿衬于经纱之下,由织工用毛笔将绘画轮廓描到经纱上,按其轮廓选用各种色彩的小梭，分块缂织成图画。

缂丝用处很多，可以直接入画。许多著名的山水画、花鸟画被艺人缂入织品，成为绘画和缂织的双重艺术品。它也可以托表书画，供装饰用。故宫博物院收藏宋赵佶《雪江归棹图》卷的包首，即是宋代流行的"百花攒龙"缂丝。丝面以缂金行龙为中心，用多种花卉作陪衬。行龙五爪腾空，束发张口，凶猛生动。龙四周是茶花、菊花、海棠花、荷花、慈姑花、暑葵叶拥簇着，整个画面色彩淡雅庄重。缂丝是装饰名画的贵重材料，也是名贵的面料，帝王和达官贵人经常选用缂丝做朝服或礼服。故宫博物院保存了两件朝袍面料，一件是宝蓝地缂丝顶寿龙（捻襟）袍料，一件是玥黄地缂丝顶寿龙（对襟），质地柔软，纹饰优雅华贵。

中国三大名锦：蜀锦、云锦和仿古宋锦

我国的丝绸品种多种多样，以其结构不同，又可分成绫、罗、绸、缎、锦、纱。其中，锦是最古老也最名贵的丝织品。

什么是锦？通俗地说，就是用彩色的丝线织成的多重或多层结构组织。因为结构复杂，织起来很困难，因而锦很贵重。锦的贵重从它的组字的含义就可以看出："金"字和

"帛"字相结成为"锦"。《释名·释采帛》说:"锦,金也。作之用功,重其价如金,故惟尊者得服之。"锦的价值贵如黄金,是历代统治阶级所垂青的面料,因而织锦技术不断提高,品种、质量也不断增多和进步。汉元帝时,黄门令史游所著的《急就篇》里,描述了汉代织锦的纹饰:"锦绣缦纻离云爵,乘风县钟华洞乐。豹首落莫兔双鹤,飞龙凤凰相追逐,春草鸡翘凫翁濯。"文中提到飞龙、凤凰、豹首、双鹤、鸡翘等动物形象,又提到云气、春草等自然景物,这在丝绸之路沿途汉代墓葬里出土的织锦花纹图案里不断得到证实。汉魏六朝至唐宋,锦的织作历代不衰。因地域不同,锦的织作方法和风格也各不相同,形成了中国三大名锦:蜀锦、云锦和仿古宋锦。少数民族地区还出现了壮锦和傣锦。

蜀锦是汉魏时期蜀郡(今四川成都周围)所产特色锦的通称,以经显花为主,后又引进纬显花。在色谱方面,以真红最为杰出,配有鹅黄、青绿、金雕、紫皂、绯红、翠池、雪花、玛瑙,以染色熟丝织造,质地坚韧,五彩缤纷,极富地方色彩。品种有翔凤、游麟、盘龙、天马、仙鹤、八答晕、簇四金雕、四色中被、真红木林禽锦等。古人记载:"魏晋以来,蜀锦勃兴,几欲夺襄邑之席,于是襄邑一变而营织成,遂使锦绫专为蜀有。"蜀锦历来是织作宫廷朝服和高档装饰用品的材料。早在三国时期，它即是蜀汉军需的重要来源，也是蜀汉与魏国、吴国贸易的重要物资。《诸葛亮集》记载："今民贫国虚，决敌之资，唯仰锦耳。"现在传统蜀锦还保留着雨丝锦、流霞锦、散花锦、铺地锦等品种。

云锦产地在南京，锦纹瑰丽有如云彩，故名。它是一种缎纹提花组织，纹饰布局严谨，色彩丰富绚丽，富有装饰性，并多用金丝显花或绞边。由于它有一种特殊的光泽效果，所以又称为织金锦。云锦始于六朝而盛于明清，常见的花纹有云雾、花鸟、鱼虫、瓜果，为我国蒙藏少数民族所喜爱，常用其面料做边角饰物。

宋锦产地在苏州，是一种三重起花的重纬组织。其图案主要继承唐以前的纹样，故又称"仿古宋锦"，至今已有千余年历史。产品分为大锦、合锦、小锦，花样有40多种，主要用于装裱。图样有动植物，如鸳鸯、蝴蝶、蝙蝠、金鱼、梅、兰、竹、菊、牡丹等，常设藻井式小方格，里面有虫鸟花草，外面有几何花纹，布局严谨，朴素大方。由于采用彩纬加固结经，形成纬三重起花，使得面料质地坚柔，花色繁缛，使用时显得平服挺括，无卷曲现象。宋锦用色淡雅调和，它不用强烈的对比色，而使用相近颜色互为渲晕，使人感到艳而不火，繁而不乱，装饰效果极好。

壮锦也称"僮锦"，是壮族妇女编织的工艺品，产品有斑布、柳布、壮人布、水绸等。一般常以棉纱为经，丝绒为纬，爱用强烈对比色，使得壮锦色彩明快，赏心悦目。

傣锦是西南少数民族中的傣族手工艺品，织造时常使用腰机，织幅较窄，常有菱形回纹，极富民族特色。

以上介绍的锦，不过是历史上成百上千种锦中的一部分。从秦汉到元明清，锦的品种林林总总，不计其数，汇成一幅无比丰富的丝纺工艺史画卷，它是祖国宝贵的文化遗产。

丝织品的染色：蜡缬、夹缬和绞缬

丝织品上的纹饰，有织上去的，也有绣上去的和染上去的。古代把印染纹饰称作"染缬"。"染缬"的加工技术种类很多，不同地区有不同风格。普遍流行的有三种，即蜡缬、夹缬和绞缬。

蜡缬，就是我们常说的"蜡染"。方法是用蜡刀沾上蜡液在织物上绘上纹饰，蜡干后投入靛蓝溶液中防染，染后用沸水去蜡，即出现蓝地白花纹饰。蜡膜有时会开裂，渗入微量染色液，因而出现无规则的"冰纹"，成为一种独特的风格。这一工艺流行于西南少数民族地区，苗、瑶、仡佬、布依族劳动人民多以蜡染制作衣裙、被毯和包单。由于蜡染装饰趣味浓郁，因而具有鲜明的民族风格。

夹缬，又称灰缬或"药斑布"。其制法是用两块镂空花版夹住，于镂空处涂刷或注入色浆，然后解开版型，花纹即现。史书记载，药斑布"出嘉定及安亭镇，宋嘉定（1208—1224年）中有归姓者创为之。以布抹灰药而染青，候干，去灰药，则青白相间，有人物、花鸟、诗词各色，充衾幔之用"。明清时又称为"浇花布"，江南各地都生产这种花布。

绞缬又称撮缬或扎缬染色。其制法是将成匹丝绸或衣裙成品，按设计需要扎成球包，用线钉固，染后晒干，剪去线结，自然形成一定图案。由于织物纤维的毛细管渗透不平衡，使花纹出现无级层次色晕，古代又称作撮晕或晕绸。所制的海棠花、蝴蝶花、蜡梅和水仙，由于撮晕而显得色调柔和，层次丰富，颇有艺术感染力。宋代的"玛瑙缬"和"鹿胎"都是绞缬的优秀品种。"鹿胎"是指梅花斑纹饰，以紫红为主。《洛阳牡丹记》称："鹿胎花者，多叶紫花，有白点，如鹿胎之纹。"

染缬多用于薄质丝绸，制作帷帐尤多，它博得了一般市民的喜爱。古书记载："显德（954—960年）中创尊重缬，淡墨体，花深黄。二部郎陈昌达，好缘饰，家贫，货琴剑作缬帐一具。"为了买一具新颖的缬帐，这位书生竟把自己心爱的琴和剑卖掉，可见当时人们喜爱染缬风气甚浓。

除了蜡缬、夹缬、绞缬外，还有贴金、扎染和碱剂印花技术。这些染色技术形成了富有民族特色的工艺体系，为我国的丝织品更添新彩。

丰富多彩的刺绣

刺绣是我国优秀的传统工艺，已有两三千年的历史。《尚书》记载："予欲观古人之象，日月星辰，山龙华虫，作会宗彝，藻火粉米，黼黻绨绣，以五采彰施于五色作服。"由此可知帝王才配穿"绨绣"的礼服。在古代，刺绣和织锦齐名，"锦"与"绣"并称，同为珍品。绣与锦、绮不同的是，前者是用手工绣出来的花纹，后两者是机械化的织机织出的花纹。由于用手工绣可以表达绣师的技巧和个性，因而使制品充满创作的活力。

汉唐两代社会安定，经济繁荣，是刺绣的黄金时代。在汉代的丝绸之路沿途都发现过汉绣，在隋唐时代也出现了不少刺绣名家。刺绣有许多品种，著名的有苏州的苏绣、湖南的湘绣、四川的蜀绣、广东的广绣。此外，还有福建的闽绣、浙江的温绣、上海的顾绣、苗族的苗绣。刺绣的技法有很多，如错针、网绣、锁丝、挑花、刮绒、戳纱、堆绢、贴绫、打点、盘金、穿珠、纳锦、挑罗等。刺绣的主要用途有两类，一是艺术品，二是生活用品。上海的顾绣和苏州的苏绣，最负盛名。

顾绣起源于上海顾名世一家人。顾名世系明嘉靖进士，住在上海九亩地"露香园"。顾氏家人善刺绣，因摹宋元名迹而名重一时，编成《明露香园顾绣精品》，顾绣之名始著。顾绣的特点是针法复杂，用料讲究。针法无定式，随意取材入绣，头发、鸡尾毛、薄切金都是刺绣花卉、鸟兽、人物的好材料。它善于借色、补色，形成半绘半绣的艺术效果。刺墨迹，顺笔势下针，使绣字传神。顾绣对陈设性的刺绣起了开山作用。

苏绣以苏州为中心，全面继承了顾绣的传统，并把刺绣艺术引到日常生活里，制成被面、鞋面、枕面、戏装。苏绣的特点是和色无迹，平匀熨帖，丝缕分明。为了调色，往往一针穿四五种颜色。为了平服，往往把最细的线劈成十几根丝。针脚一丝不乱，才能表现出飞鸟的丰满。山水和人物需要很高的艺术修养才能动手，否则很难表现原作精神。明末清初绣师倪仁吉,绘画、作诗、刺绣兼行,对人物、花卉、翎毛、走兽运针如笔,挥洒自如,达到了炉火纯青的地步。当时人称:"更奇者,善以绣代笔,凡美女奇卉,随经点皴,波动欲生,莫窥其针所由度,向称薛灵芸,技至此乎!"要做到精妙入神,必须在劈丝、配色、施针上下功夫,做到落针自然。她自己赋诗写出她刺绣的心得:"常闻针有神,不为针痕掩。非指亦非丝,秀劲全挥染。"

湘绣、蜀绣、广绣也各有特色,与苏绣一起称为中国"四大名绣",是中国传统工艺中的四枝奇葩。

中国古代的织机

如前所述,中国的丝织品在殷墟中就已发现,西周、秦汉、隋唐时代的丝织品也不断出土,但是这些丝织品是怎样织出来的却并不十分清楚,原因是古代织机没有保留下来。古代有一种原始的织布方法,手脚并用,叫作"手经指挂",后来从云南出土的贮贝器盖上的造像上得到了证实。从春秋到战国的文献上,我们已经知道有了杼、轴、综、蹑和机架完整的织机,但织机是什么样子仍不清楚。汉代有许多画像石刻,里面保留了织机的基本轮廓,我们可以结合文献、文物把汉代织机复原出来。

从汉画石刻上看汉代织机，已经是斜织机。它的经面与机床成50—60度倾角，人坐在机床边上操作。经纱有无断头，可以一目了然。从画像石上看，斜织机已有脚踏提综装置，可以用双脚代替手来完成提综工作，这样就可以把双手解放出来，用于引纬和打纬，劳动效率大为提高。不过这种斜织机还不能提花，一定有一种更为复杂、具有提花装置的织机，这就是"五十综者五十蹑，六十综者六十蹑"式的绫机。它可生产多种丝织物，如绵、绮、纹罗等。这种绫机很笨重。三国曹魏扶风人马钧对绫机进行了改革，减少了蹑的根数，"皆易以十二蹑，其奇文异变，因感而作者，犹自然之形成"。由于简化了织机构造，生产效率提高了数倍。由此，魏国丝织品可以同四川的蜀锦相媲美。

马钧，字德衡，是三国时期杰出的能工巧匠。他从小口吃，不善辩论，却很喜欢思索，尤其喜欢钻研机械制造方面的问题。他不仅对绫机进行了改革，还改造了翻车，研制成指南车，改造了弩机和抛石机，制成"水转百戏"这样的玩具。由于马钧不善言辞，常常遭到人们的讥笑。常侍高堂隆和骁骑将军秦朗当着马钧的面说："先生名钧，字德衡，'钧'是器物的模型，'衡'可以定器物的轻重，可你说话连轻重都不分,怎能制作模型?"马钧回答:"空口争论有何用?不如做试验见个高低。"后来魏明帝诏马钧制造指南车,没过多久就制成了。从此"天下服其巧矣"。

提花机经三国、两晋、南北朝、隋唐时期,都有不断改进和提高。到了元代,有一部专门记述织机的专著叫《梓人遗制》,对提花机的款式和部件都有详细的图解。作者薛景石是山西万泉的一位木工,他对织机的各个部件和尺寸分别做了说明,并阐明安装部位,依据图示可以复原各式的织机。

现在我们知道最具体、最完整的古代提花机型制,是记载在明代宋应星撰写的《天工开物》中的《乃服篇》里。书中记载:

"凡花机通身长度一丈六尺,隆起花楼,中托衢盘,下垂衢脚。对花楼下掘坑二尺许,以藏衢脚,提花小厮坐立花楼架木上,机末以的杠卷丝,中间叠助木两枝,直穿二木,约四尺长,其尖插于筘两头。叠助,织纱罗者视织绫者减轻十余斤方妙。"

"衢盘"今称目板,"衢脚"今称下柱,"的杠"合称经轴,"叠助木"合称压木。织地纹的提综杠杆称"老鸦翅"。织时一人坐在花楼上手提渠线,一人坐在卷幅之后,以脚次第蹑竿，旋提旋织，自然成花。花本是事先设计好的图案，悬挂在花楼上，上下一唱一和，默契配合，一纬一经地织着，织锦逐渐显现花纹。

提花技术是中国人民的一大创造，它把事先设计好的程序通过经纬交错，织成预定的纹饰，这种设计思想同现代的程序控制有着历史渊源。欧洲人什么时候才出现提花机现在还没有一致的意见。但是一般都认为欧洲人开始有提花机的时间较中国为晚，并且可能是受到中国的影响。

古建筑

中国古代建筑的历史演变

中国古代建筑是世界上最古老的建筑体系之一,有7000年以上有实物可考的历史。在漫长的历史演变过程中,它形成了鲜明的、独特的艺术风格,创造出一系列璀璨光辉的建筑群体,被建筑史学界列为东方四大建筑体系之一。

中国古代文明产生于黄河冲击的平原和高原上。黄河及其支流所到之处,形成了松软而肥沃的土壤;茂密的森林,广袤的草原,构成黄河流域良好的生态环境。我国先民世世代代生活、栖息在这块土地上,并在松软的黄土地上建立起自己的建筑群体。为了防止土层下沉,我国先民很早就掌握了夯土技术。以夯土为墙基,以树木绑结支撑屋顶,成为我国古代建筑的起点,也是中国古代建筑的一大特点。世界上的许多国家一开始也是以木构架为起点，经过一段时间发展转为砖石结构，如古希腊、罗马的古典建筑的形成便经历了这一过程。中国的砖石结构建筑出现很晚，而且不曾出现像古希腊、罗马那样气势恢宏的神殿、剧场和会堂。其原因既不是中国缺少石材，也不完全是铁工具使用较晚，主要还是我国的文明中心长期稳定在黄河冲击的平原上。这种以淤泥形成的黄土层地质构造，很难承受像雅典和罗马式的建筑。尽管如此，中国古代建筑沿着木构架的方向发挥得淋漓尽致，使中国终于出现了像明、清紫禁城那样气势非凡的建筑杰作。

早在新石器时代的半坡遗址中，就发现了半地穴的居室，每片居室中间都有一所大房子，这可能是氏族首领住地和氏族成员聚会的场所。到了夏商时代，城市已经出现。河南偃师县二里头村发现了2万平方多米的夯土台基，这可能是夏代王室的宫殿。商代建筑已有很大进步，并出现了城墙。到了西周，已有了板瓦和筒瓦，建筑台基以草泥制土坯砌筑。木结构房屋与封闭式院落式格局已经形成。春秋以后，出现了台榭建筑。战国已出现《考工记》，提出了王都与城邑建设的规划原则，陶制栏杆与排水管已经纯熟地使用。秦统一中国后，宫殿、陵寝和修建长城的规模都远远超过了前代。西汉出现了建筑史上的第一个高峰,台榭式的宫殿,巨大的阙,巍峨耸立,极为壮观。东汉已有台梁、穿斗、密梁平顶三种基本构架建筑形式,砖石拱券式墓室日渐发达。东汉后期,佛教传入中国,佛寺、塔、石窟普遍出现,并与中国建筑特点结合起来。隋唐出现了建筑史中第二个高峰。城市建筑、宫殿、佛寺壮丽辉煌,建筑、绘画、雕塑荟萃一堂。南宋建筑与园林相结合,与诗、词、画意融为一体,造景幽邃,含义深远。元明清三代的都城与皇宫的建造,布局严谨,气势雄伟。明清两代的陵寝与山势走向相协调,地下地上建筑规模庞大,体现了统治者永恒的权力观。清代的圆明园、颐和园、承德避暑山庄,继承宋、明两代造园经验,吸收南北名园特长,景物富丽,气象非凡,成为世界闻名的园林。中国古代不仅有众多的建筑群体,还有战国的《考工记·匠人篇》、宋代《营造法式》和清代《工程做法》这样的建筑工程经典。它们是祖国建筑艺术领域的宝贵遗产,也是世界建筑史中的精华。

木结构的建筑技术

我国的房屋建筑是以木构架为主体发展起来的,它的特点是易于施工，易于扩建、改建和重建，适应平原、山地和各种复杂地形营造。建筑材料，因地取材，因材施用，土、木、砖、石、竹、草都可以从本地取得，因而施工期短，成本低廉，适合分散的农民营建。做梁柱的树木比较粗大，一般树龄需要二三十年，作椽子的树木一般只需五年左右。有了木料制作的框架，房屋就有了保障。

木构架的房屋特点是墙不承重，只起间隔、围护作用，屋顶或楼层的重量由木构架承托。承托的方式主要有两种：北方的抬梁式和南方的穿斗式。抬梁式构架是用两根立柱支承大梁，梁上又立短柱承次梁，层叠至最上一梁，即脊梁。檩条安于梁的两端，构成两坡顶房屋的空间构架。穿斗式构架是每条檩子下都用柱子承托为原则，柱子之间以穿过柱身的穿枋相联系，组成一个构架。屋架一般也是两面坡。为了防雨，屋檐要挑出一定的宽度。为了支撑屋檐的重量，就设计成斗栱来承托梁头与出檐。斗栱由若干个方形的斗与弓形的栱层叠装配而成，具有承重功能与装饰功能，是中国古代建筑表达艺术特征的重要组成部分。东汉时已使用成组的斗栱，到了唐代大挑檐已成风气。清代的斗栱纯粹属于装饰构件。根据封建礼制，斗栱的层数愈多，建筑物的级别就愈高。

木构架上面是屋顶。我国古代建筑的屋顶是极富特色的，不同地区、不同民族也有不同的风格。有圆顶、囤顶、平顶、坡顶、盔形顶、四角攒尖顶。顶部的结构有硬山、悬山、歇山、庑殿四种基本形式。在这个基础上，又演化出重檐、盝顶、抱厦、龟头殿等各种各样复杂的形式。屋顶由筒瓦和板瓦扣合。庑殿式屋顶一般都用琉璃瓦装饰，脊两端有正吻，垂脊部装莲座，上饰垂兽。垂脊端部饰走兽、仙人。唐宋以来，用栱的高度作为梁枋比例的基本模度，形成一个标准尺度，这就使得建筑的基本轮廓保持和谐、均衡。工匠们可根据这个尺度与建筑实际要求进行套算，这样各类建筑既保持统一风格，又兼顾形式的多样化。

中国古典建筑的审美情趣

中国古典建筑是独立发展的一门艺术，它的建筑形式及艺术特点，凝结着中国文化的基本精神。

首先，在中国没有形成像欧洲、西亚和阿拉伯地区那种强大的、独立的宗教势力，因而没有那种专门供奉神的庙堂，诸如希腊神殿、伊斯兰教堂、基督教哥特式教堂之类的建筑。中国宏伟的建筑一般指宫殿，即专门供世上活着的君主居住的场所。从新石器时代后期的"大房子",到秦代的阿房宫、唐代大明宫,一直到明清的紫禁城,世世代代都是如此。宗教从属于政治制度,宗教建筑也受宫殿建筑的影响。中国土生土长的道观自不必说,从印度传来的佛教庙宇虽然或多或少保留了自身的异域特色,但大都以中国木结构为蓝本设计而成。因此,中国古典建筑没有浓厚的宗教色彩,也不表现超人的力量。它不像穆斯林教堂或哥特式教堂那样高耸入云,内部幽闭,使人进去以后立即会在巨大、肃穆的空间中感到个人的渺小和一种庄严感,进而祈求真主或上帝的保护。中国的建筑是接近世俗的,重在生活情调的感染熏陶。它通过建筑群体平面地展开,在琼楼玉宇、雕梁画栋之间感受生活的安适和对环境的主宰。它通过建筑与自然环境互相借景,进一步使建筑美与自然山水的美沟通起来,达到人与自然的和谐。中国古典建筑包含着先秦以来形成的实践理性传统,中国的园林艺术则体现了老庄哲学中的审美原则。

其次,中国古典建筑不像欧洲或西亚那样孤独地矗立于地面,显得气势轩昂,高峻雄伟。例如古希腊卫城上的雅典娜神庙,46根高10.4米的大理石圆柱屹立在山岩上,奇雄无比;新巴比伦时代的马杜克神庙塔台式建筑,高约90米,巍然耸立，气势非凡。中国单个建筑与之相比，显得低矮、平淡，但是由一个个单个建筑组成的建筑群体却显得布局严谨，逶迤交错，气势雄浑。中国建筑是以非常简单的基本单位组成了复杂的群体结构，在严格对称中追求变化，在多种变化中又保持风格的统一，组成一个庞大的建筑群体。有收分的高大台榭，配以庄重的大屋顶；两阙飞檐，尤显出结构稳定、协调，节奏明快。由这些庞大建筑组成错落有致的群体，更显得雄伟壮观，气魄宏大。明清的紫禁城、曲阜孔庙和承德避暑山庄三大古典建筑群，占地多达数百亩甚至数千亩，是中国古代建筑的杰出代表，也是人类文化遗产的重要组成部分。

中国古典建筑有着浓郁的东方色彩，琉璃瓦、汉白玉和油漆彩画广泛用于建筑，使建筑绚丽多彩，金碧辉煌。中国建筑用色部位多，面积大，用色强烈，图案丰富，比起古希腊单一色彩的洁静风格，犹有艺术魅力。

万里长城：中国的象征

长城是举世无双的古代建筑工程．被誉为世界建筑史的七大奇迹之一。它集中体现了中国人的智慧和创造力，也体现了以汉民族为主体的民族凝聚力和汉民族的思维方式。

长城不仅仅是一道墙，而是以墙为主体的军事防御工程，其间有关隘、戍所、烽火台、营堡等一系列军事设施。长城也不是一条单墙互相连接在一起，而是由一组墙构成的军事屏障，要想知道全部长城的绝对准确数字目前还为时过早。按通常的说法，长城西起甘肃省嘉峪关，东至中朝边境的鸭绿江，全长计1.27万余华里。建筑之巨大，为世界所仅见。据居延汉简记载，长城在军事建制上有一整套"烽火"制度，规定为"五里一燧，十里一墩，三十里一堡，百里一城"。在险恶地段，每三里有一燧，数十里有一城。一有敌情，白天燃烟，夜间举火，消息可迅速传递到营堡。营堡的戍边部队随即可出击敌军。

长城不仅大，而且气势雄伟。它之所以特别雄伟，主要是它挺立于峻险的山巅之上，借山势走向修筑而成。长城的每一段都是雷同的，看起来平淡无奇，但是它盘缠崇山峻岭之上，蜿蜒万里，像一条充满活力的龙在永恒地飞舞。人们一看到长城的征徽便想起中国人，原因是像这样宏伟的建筑不会是在短时间内完成的。事实上，从战国起至明代，人民世世代代在修筑，时间长达近两千年之久，它代表着中国人的民族个性。如果从山海关到嘉峪关划一条线，这条线恰好就在北纬40度左右。从历史上看,线南是以汉民族为主体的农耕社会,线北生活着被称为獯鬻、鬼方、匈奴、鲜卑、柔然、突厥、回纥和蒙古的少数民族,它们是以游牧为主的社会。游牧民族时常南下侵扰农耕地区,为了从根本上杜绝侵扰,农耕社会便采取了修筑长城的方法进行战略上的防御,而不采用军事讨伐手段。因此,可以说以汉民族为主体的中国人民是热爱和平的。这绝不是一句空话,是历史形成的民族个性。现在世界各国学者公认,中国人没有扩张的历史,这也是符合史实的。

一个民族没有巨大的凝聚力是不会完成这一宏伟建筑的,但这不是说修长城不具有奴役劳动的性质。事实上,这样大规模的防御工程是不计成本、不算工价的,完全以农民肉体的牺牲为代价构筑而成。但是,如果长城不代表全体农耕社会的利益,农民们也不会世代修筑它。

古代的宫殿

古代的宫殿向来以高为富,以大为美。高大的宫殿,象征着君主的财富和权力。可惜由于改朝换代,战争频繁,世上许多著名的建筑群落纷纷被战火所摧毁。唐代以前的宏伟建筑实际上不复存在,我们只好从文献上、画像石刻上和考古资料里领略其风貌。

秦朝是个短命王朝,它的统治者利用第一次统一全国的机会,竭尽人力、财力、物力修陵寝,建宫殿,筑长城,铺驰道,建筑阿房宫,大兴土木,开辟了历代帝王为自己建造大宫殿的先河。阿房宫之大,令现代人难以想象。《史记·秦始皇本纪》记载:

"始皇以为咸阳人多,先王之宫廷小,……乃营作朝宫渭南上林苑中。先作前殿阿房,东西五百步,南北五十丈,上可以坐万人,下可以建五丈旗。周驰为阁道,自殿下直抵南山。表南山之巅以为阙。"

汉代宫廷建筑不仅大,而且往空间发展,先是用夯土筑成很高的台榭,然后在高台上建筑厅堂,这样宫室安稳壮观。武梁祠和孝堂山画像石中的许多房屋都是这种高台建筑。汉代的木结构技术已经运用纯熟,高耸入云的楼阁建筑屡见不鲜。《三辅黄图》记未央宫有天禄阁、麒麟阁,高可越城,长可跨池。井干楼高达50丈。

唐代大明宫的主殿是含元殿,建筑面积达2000平方米,内部净跨10米,与现存最大的木建筑明长陵棱恩殿和故宫太和殿相等。殿基高出地面13米,居高临下,俯瞰全城。

古建筑

两边建筑严格对称。建筑顶部为重檐庑殿式，扣黑色陶瓦，绿色琉璃脊，两端饰鸱尾。建筑色彩以红、白二色为主，门钉、肘叶、栏杆饰件用鎏金。廊下挂竹帘、朱缘、金钩。整体布局雄浑壮观，一派帝王气势，对宋元明清宫殿建造有直接的影响。

故宫太和殿是现存最大、等级最高的殿堂，也是中国最大的木构殿宇。始建于明永乐十八年（1420年），取名奉天殿，清顺治二年（1645年）改为太和殿，康熙三十四年（1695年）重建。太和殿与中和殿、保和殿称外朝三大殿，建在8米高的工字形台基上。台基分三层，重叠在一起，相互沟通。栏杆、望柱、龙头、栏板皆用汉白玉雕刻而成，造型玲珑秀丽，重叠起伏，装饰性极强。太和殿面阔十一间，进深五间，高35米，纵深37米，横长63米，用72根大木柱支承梁架，构成四大坡面屋顶。屋顶为重檐庑殿式，檐下是花台科溜金斗栱，上檐为单翘三昂，下檐为单翘重昂。殿内有沥粉金漆木柱及精美的蟠龙藻井。殿中央设有金漆雕龙宝座。明清两代帝王的重大典礼、向全国发布号令等重要活动，都在这里进行。太和殿前是一片开阔广场，两旁体仁阁、弘义阁及东西走廊严格对称，更显得威严壮观，富丽堂皇。太和殿的建筑及其周围布局，都体现了至高无上的皇家权威。

寺塔建筑

人们常常把儒、道、释三教并称，其实儒学始终没有形成宗教，道家五花八门，也没有形成统一的、强大的宗教势力。从印度传来的佛教却风靡一时，成为南北朝、隋唐时代新的思潮，深入人心。与佛教同来的是石窟寺、塔和佛家的庙宇寺院建筑。

石窟寺是供佛教徒静修的场所。石窟寺的修建沿着佛教传入的路线，经过克什米尔、阿富汗，传到新疆的库车、拜城，逐渐经甘肃传入内地。佛教所到之处多有石窟寺，其中著名的有库木吐喇及克孜尔千佛洞、莫高窟、云冈石窟、天水麦积山石窟、河南巩义石窟、河北邯郸南北响堂山石窟、重庆大足石窟，等等。外国学说传到中国势必与中国具体情况相结合，否则无法深入人心。最初的佛像是印度人的模样，日久天长以后，渐渐地改变成中国人的模样。佛像如此，佛教建筑也是如此。中国的石窟在建筑结构、窟内雕饰上均与印度迥异，小佛龛特别多，称千佛洞或万佛堂，它也很有特色，与南亚石窟有很大的区别。

塔是收藏佛骨的场所。早期的密檐式塔、喇嘛塔、金刚宝座式塔，受印度、尼泊尔及南亚各国影响较大，后来渐渐与中国楼阁塔相结合。西安小雁塔还有南亚遗风，而大雁塔层次疏朗，节奏明快，表现出中国建筑的风格。山西辽代应县木塔，又名释迦塔，已经全部中国化了。这个木塔在山西省应县佛宫寺内，是我国现存最高、年代最早的楼阁式木塔。塔总高67米，平面为八角形，底层直径30米，外观为六檐五层，加上四个暗层，共计九层。塔基为砖石结构，下为夯土，上为木结构塔身。塔身利用内外两圈梁柱互相拉接，柱间又有斜柱相互支撑，形成一个结构牢固的构架，因此抗震性很强。塔的斗栱种类丰富多彩，据统计有五六十种，既有装饰性，又起结构性作用，是我国高层木构使用斗栱技术最纯熟的建筑之一。近年在修复佛塑像时，发现了一批辽代写经、刻经及佛像画等珍贵文物，进一步印证了辽代佛寺建筑艺术的风貌。

寺庙是佛教徒顶礼膜拜的地方。佛教寺庙从一开始便采取中国殿堂式建筑。现存时代最早的殿堂式庙寺是山西省五台山的南禅寺大佛殿与佛光寺正殿。南禅寺大殿始建于唐德宗建中三年（782年），在山西省五台县城西南。寺坐北朝南。大佛殿面阔三间，长11.75米，宽10米，进深三间。单檐歇山顶，屋顶举折平缓。斗栱由柱头式和转角式两种组成，粗大疏朗。殿前有宽阔的月台。殿内无柱，四椽栿通达前后檐柱之外，造型沉稳，结构简练。殿内设有佛坛，面型丰满，衣纹流畅，为唐塑佳品。日本的寺庙受中国影响很大，奈良唐招提寺的建筑与唐代寺庙风格几乎浑然如一。

河北省正定县隆兴寺摩尼殿，是宋代寺院建筑代表。全寺建筑依中轴线作纵深布置，从山门起，依次为大觉六师殿、摩尼殿、佛香阁和弥陀殿，两旁为钟鼓楼、左右配殿、转轮藏殿与慈氏阁。自外而内，院落高低错落，殿宇飞檐，参差重叠，主次分明，代表宋代建筑技术的新发展。摩尼殿平面呈十字形，面阔七间，进身七间。重檐歇山顶，布瓦心，绿琉璃瓦剪边。四面各出抱厦，以山面向前，颇有特色。结构为八架椽屋，前后乳栿用四柱，副阶周匝。整个构架与《营造法式》相符，属于标准的殿堂式木结构。殿内坛上有宋塑释迦、迦叶、阿难，四壁有佛教故事的壁画。

明清的庙宇保留下来的最多，运用木结构技术也十分成熟，以"斗口"为基本模数，形成不同等级，因而使建筑更为规范化、程式化。木工活中的天花藻井十分讲究。智化寺在北京东城禄米仓，明正统八年（1443年）建造。智化寺万佛阁顶上精雕细琢的斗八藻井十分出色，上有精巧的龙、凤、卷草等雕饰,具有很高的艺术魅力,可惜20世纪30年代被寺僧盗卖,现收藏在美国纳尔逊博物馆。

丰富多彩的民居住宅

我国地域辽阔,民族众多。民居建筑作为一种文化色彩浓厚的物质生活设施,不同地区、不同民族的民居必然会有不同的风貌和特点。

西藏的牧民多住帐篷,农民则住碉房。碉房外形方正厚重,向上倾斜,实墙多,窗少,内部有天井或院子、阴廊。山地碉房依地形修筑,形成阶梯形,高层碉楼可达12层,屋舍棱角突出、整齐,墙面有显著收分,十分壮观。由于地基宽厚坚实,碉楼抗震性很强。

蒙古牧民多住毡包,由轻体木骨架、毡片、驼绳三种材料构成,便于拆迁。大包直径30米,小包7—8米。包顶用黑布、黑毡做出各式蒙古纹饰,入门处门帘也绣有图案。包内部壁面挂有壁毡,天棚吊挂毡片,利于保暖。

新疆古代文化错综复杂,反映到建筑上也出现多种多样的面貌。牧民住庐帐,农民则有土结构、砖结构、木结构多种结构建筑,风格也多受汉民族和中亚、西亚民族影响。

西北地区的回族民居，多以平顶房屋、土窑洞为主。朝鲜族多以四面坡草顶房为主。西南少数民族地区喜欢住干阑式住房，底层架空，上层住人，防潮防虫。福建、广东客家民居更富特色，喜欢生活在环形大楼里，聚族而居。

四合院是明清以来汉族民居的主要形式。它不仅盛行于北京，而且东北、华东、华中许多地区居民都采取四合院的布局形式。四合院一般在东南方开门，门后有影壁。入门左转至前院，前院房屋为客房。穿垂花门为后院。后院正房为主人、长辈居住，左右厢房为儿女居所。正房左右为耳房，为厨房或厕所。所有的房屋都面向庭院，形成一座完整的合院住宅。所有的房屋外面都以高墙衔接，形成一个封闭体系，以便确保安全。这种民居反映了封建社会的家庭组织与伦理道德。

由于四合院的占地面积有严格规定（元代规定平民为8分地），彼此相连的四合院便形成了笔直的胡同。"胡同"一词，有人说是蒙语"浩特"的音转，有人说是"火巷"的转音，人们尚没有取得一致意见；不管怎样，胡同是有着严格规范的人行通道，这一点却是没有疑义的。人们穿过胡同，便可以走向大街。城市的基本格局，便是由许许多多的院落、胡同、大街组成。因此，我们看到的元大都平面图就像一个大棋盘一样，行人就像棋子，可以走到任何一个部位。元大都的城市规划是很严格的，到了明清两代发生了很大变化。达官贵人利用自己的权势和财力，修建了许多大四合院，有的是"三进院"或"四进院"，比普通院落大十多倍，致使许多胡同成了"死胡同"，大街被堵住，变成了"丁"字街。

安徽省黟县城东 8 公里西递村，现有清代中叶的民居建筑 120 多幢，层楼叠院，鳞次栉比，青瓦白墙，高大堂皇，以石雕门罩与石雕花窗装饰称著。每幢民居大门均以平整光滑的黟县青石料砌成高大门坊，门坊上设布满石雕、砖雕的门罩，雕花纹、人物，门罩式样，千姿百态，无一相同。窗以雕花的石块组成漏格，每扇石雕花窗漏格也各不相同，疏密得体，繁简相衬。布局上，每户均有一处或多处小庭院。庭院依势而建，院内布花坛、水池，围以漏窗、矮墙，饰以石雕、砖镂，比例和谐，尺度适宜，质朴中见俊秀，富丽中显典雅，得玲珑园林之趣，收赏心悦目之效。

石建筑与赵州桥

中国的木结构建筑十分发达，并不意味着没有石建筑。相反，中国人的石建筑是相当出色的，它不表现在宏伟的殿堂和神庙上，而是应用于纪念性的建筑和承重结构式、拱券结构式的建筑上。石材，是人类最先认识的材料之一。它的硬度大，耐久性好，很容易联想到它是最好的不朽的建筑材料。它广泛用于地下墓室，地上石坊、石碑、陵门，大型建筑的台基、阶石、栏杆，以及桥梁工程。

中国古代的人对于死一直迷惑不解，认为死是到另一个世界去了，一定要把生前的生活用品带到坟墓，以便在那个世界里继续生活。他们从常识里得知，木棺不久就要腐烂，土坟很快就会塌陷，于是自东汉起，石室石棺兴盛起来。历代帝王陵寝不仅宏伟，而且坚固，不仅有地下石砌宫殿，地上还有巨大石牌坊，以显示帝王的威严。1956年，北京昌平定陵明神宗朱翊钧之墓被正式发掘，庞大的地宫昭然于世。地宫由正殿、左右配殿、前殿、后殿组成，全部用白石块砌成。正殿宽9.1米、高9.5米、长30.1米，呈拱券结构。地上有五间石牌坊，气势十分宏伟。明清两代陵寝成为定制，凡台基、阑干、柱础、角石、华表、抱鼓石、石狮都与石料分不开，并采用石雕工艺。

重要宫殿的台基，都是石结构的，有的还使用汉白玉，如故宫三大殿和天坛祈年殿、圜丘，都使用三层汉白玉须弥座，是台基中最华贵的。北京天坛圜丘建于明嘉靖九年

（1530年），清乾隆十四年（1749年）拓展坛址。坛分三层，上层径9丈，高5尺7寸；中层径15丈，高5尺2寸；下层径21丈，高5尺，都是1、3、5、7、9阳数。下层坛面都用石板砌成，共计360块，合周天360度的数字。圜丘设计工巧，施工精细，气势磅礴；石板精磨之后，竟有意想不到的声学效果，若有人立其中发声，四面均有回声。

此外，还有许多塔是石结构的，如济南历城神通寺四门塔、泉州开元寺塔、福州坚牢塔等。它们虽然是石塔，但构架方式却是仿木结构的。由此可知，中国的石结构一直处于从属地位，没有形成一种独立的建筑方式。

中国的石桥始于战国。东汉中期，已有石拱桥。隋统一中国之后，结束了长期的战乱，出现了许多巨大工程，河北赵县的安济桥便是其中之一。安济桥又称赵州桥，该桥以跨度大、施工精、桥型美、桥龄长著称于世。这是一座单孔弧券式石拱桥，净跨37.02米，拱矢高7.23米，桥身连同南北桥堍，共长50.82米。大拱两肩有对称四个小拱，一方面可以减少洪水对桥面的冲击，另一方面也可以减少桥身的自重。巨大的拱券靠一块块石头彼此挤压成型，因此从拱脚到拱顶，拱石要逐渐收缩减薄，没有周密的设计和巧妙的施工是无法完成的。桥侧有42块拦板，上有龙兽浮雕，形态各异,若飞若动。44根望柱排列两侧,使桥身稳重又显轻盈,雄伟又显秀丽。这座桥是科学与艺术的结晶。该桥设计者是普通桥工石匠李春。历史上各种典籍都没有关于李春的生平事迹的记载。唐开元十三年(725年)张嘉贞在《安济桥铭》中说:"赵郡洨河石桥,隋匠李春之迹也。制造奇特,人不知其所以为。"这座石拱桥经历1300多年沧桑岁月依然如故,被人们称赞为"奇巧甲天下",这便是对李春这样的普通劳动者的最好称颂。

如诗如画的园林艺术

中国的园林艺术同中国古典建筑一样,富于浓厚的东方韵味,这种韵味集中体现在它把建筑美与自然的美尽可能地融为一体,最大限度地使人们的身心与自然界取得和谐。

中国早期的园林属于苑囿型,君主、王室、贵族经营苑囿,多为行猎场所。苑囿里面,天然草木滋生,鸟兽繁殖,筑台掘池,帝王贵族们在那里游乐狩猎,直接领略自然风光。到了唐宋,帝王不再满足于苑囿山林,还要把大自然的美带回宫中,形成人工山水型的园林。

宋徽宗赵佶作为一代人主似乎不够资格,但是他以艺术家的眼光修建皇家园林却开一代先河。他修筑的宫殿都有内苑，里面有松、竹、太湖石，并"引沧浪之水，陂池连绵，若起若伏，支流派别，萦行清泚，有瀛洲、方壶、长江、远渚之兴"。他修筑的延福宫"楼阁相望，引金水天源河，筑土山其间，奇花怪石，岩壑幽胜，宛若生成"。

元明清三朝造园不衰，尤以清乾隆时为最盛。承德避暑山庄和北京三山五园（万寿山清漪园、玉泉山静明园、香山静宜园、圆明园、畅春园）大抵都是在此时修造。圆明园依山傍水，楼阁亭榭随势组合，处处是景，后被英法联军和八国联军所毁。颐和园是现存保护较好的一座皇家园林，占地面积约290公顷，由万寿山、昆明湖、宫廷居住区组成。全园以西山、玉泉山诸峰作借景，扩展了空间，气魄宏大；昆明湖汪洋数千亩，湖光山色，相互掩映。龙王庙与西堤将水面分成若断若续的几部分，使湖面更加深远。山区依势筑有亭阁楼台和长廊轩榭，构成园中之园数十处，养云轩、福荫轩、石松巢、圆朗斋、写秋轩都采用借景、构景，使景色富于变化，相映成趣。前山佛香阁与排云殿体量庞大，色彩富丽；后山后湖林木葱郁，景色幽深。整个布局都显示了我国劳动人民的智慧和创造力。

皇室造园风气也逐渐影响到士大夫、商人这一阶层，但是他们因居住面积比较狭小，遂使人造山林微型化和写意化，私人园林逐步得到发展。苏州的拙政园、扬州的寄啸山庄、广州的九曜园，都是明清以来著名的私人园林。这些园林的艺术构思中心是模拟自然，再现自然。他们不满足于宫殿建筑的庄严与对称性，而追求迂回曲折、趣味盎然、接近自然山林的建筑美。他们制作一系列微型山水，寄情自然，陶冶性情，讲究山不在高，要仿山峦走向、山石纹理之法；水不在广，而要模拟矶石分布、劲湍缓流之态，并把诗情画意融化在人造山水之间，使中国的园林成为一种具有文化特征的艺术。

李诫与《营造法式》

在封建史家的眼里，匠人是没有社会地位的，许多伟大的能工巧匠的生平事迹、生卒年月都没有记录下来。偶尔记录下的人，如鲁班、王尔，又多有附会故事，篡改了他们的真实面貌。因此，中国的建筑师的传记及其著述可以说是寥寥无几。另一方面，中国是一个封建专制统治长达两千年之久的国家，从搭屋盖房到城市规划都有着严格的等级制度，绝对不准自行其事。战国时代的《考工记·匠人》、宋代

《营造法式》、清代《工程做法》这三部建筑史上的经典,可以说是代表封建社会早、中、晚三个不同历史时期的营造规范和制度。

北宋政权颁布的《营造法式》是由李诫编著的。李诫,字明仲,北宋郑州管城县人,出身于官僚家庭。他20岁时,趁宋哲宗登位的机会,由他父亲庇荫之下安排了一个小官,以后逐步作主簿、监丞、少监、将作监,主持过龙德宫、棣华宅、朱雀门、景龙门、九成殿、开封府廨、太庙、钦慈太后佛寺等重要的大型土木工程。绍圣四年(1097年),受命编修《营造法式》,徽宗崇宁二年(1103年)颁行。全书共34卷,257篇,3555条。内容包括有壕寨、石、大木、小木、彩画、砖瓦、窑、泥、雕、旋、锯、竹各作制度,以及施工的工料、定额和各种建筑图样。书中有308篇的3272条来自工匠们世代相传而行之有效的实践经验,占全书全部内容的90%。因此,这部书可以说是中国古代建筑工匠的经验总结。

《营造法式》所反映的古代建筑技术成就是多方面的。它总结出以木材为中心的木结构模数制,完善了木结构体系,在彩画、砖、瓦、石、木料的制作、使用方面都提出了带有科学性的说明。

我国古代建筑施工一般不用施工图纸,而是采用现场放侧样、定尺寸,被称为"点草架"。如果盖一座房屋,这种方法自然很简便;如果修筑大面积建筑群落,没有一整套材料分配制度的话,整个建筑就无法顺利完成。因此,《营造法式》总结了一套统一的模数来衡量构件尺寸,"凡构屋之制、皆以材为祖,材有八等,度屋之大小,因而用之"。把建筑材料分成八个等级,不同等级的材料使用范围不同。一、二、三等材用于大殿,四、五、六等材用于小殿和厅堂,七、八等材用于亭、榭、殿内藻井。如此使用,既保证架构的安全及合理使用木材,又使得建筑群落主次分明,大小得体,艺术效果完美。有了统一的营造规范,还可以防止贪污浪费,抑制贪官污吏利用营造之便巧取豪夺。《营造法式》体现了王安石的"理财节用"的变法精神。

李诫之所以能编撰出这部建筑史上有重要科学价值的经典著作,原因之一是他善于学习。他不仅在建筑工程的实践活动中汲取劳动工匠的智慧,还有广博的经史学识。他亲手抄书数千卷,能写篆、籀、草、隶书,并绘《五马图》进献给宋徽宗。他的著作有《六博经》三卷、《古篆说文》十卷等。遗憾的是这些书已经失传,只给我们留下了《营造法式》这部书。

水 利

水利工程与水力机械

世界上的文明发祥地大都是在大河冲积平原上发展起来的，埃及、西亚文明、印度与中国都是如此。由此可见河流对人类的生存发展所起的重大作用。农业是人类生存的基础，战胜洪水、开发水利则是发展农业的前提。

大禹治水的神话故事，反映了史前中国古代先民不屈不挠同洪水做斗争、并取得了重大成功的历史。公元前16世纪，中国人就凿通了山陵，开渠引水。周朝农业已经广泛采用蓄水、引水等措施灌溉农田，政府设有专职官员管理水利。从此以后，历代政府都非常注意兴修水利。中国的史书大都有记述各个时代治水、水运和农田水利的专节；治理黄河的专篇先后成册；地方志书也将本地水源、河流及其治理、利用情况予以记载。从某种意义上讲，正是我国先民在征服江河、治水管水的斗争过程中，创造了伟大的中华文化。

长江、黄河是中国的两大水系，也是中国古代文明诞生、成长的摇篮。2000多年前，秦国人李冰主持在长江支流岷江上修建了都江堰，它以规模宏大、历史悠久、效益显著、设计思想富于科学性著称于世。黄河是我国第二大河，其中、下游在相当长的历史时期内一直是历代政治、经济、文化的中心。春秋战国时期，齐国引水种稻，鲁国浚洙水灌田，郑国修建配套的沟洫工程，楚国在淮河修筑芍陂；秦国修建郑国渠，连通泾水、渭水，绵延300余里，灌田4万余顷，极大地促进了关中地区农业的发展。黄河流域属黄土高原，河水挟带大量泥沙东下，往往给中下游造成水患。中国人民世世代代与黄河搏斗，在筑堤、输沙、导流、整治河床方面积累了丰富的治黄经验。其中"束水治沙"的治黄经验，不仅符合流体力学原理，也很实用，至今仍不失为一条疏通河道的重要方案。在治黄中涌现出许多杰出的水利专家，如汉代的王景，明代的潘季驯，清代靳辅等。

除了利用天然河道外，中国很早就采取了人工开渠的方法以利水运，其中最负盛名的就是京杭大运河。它是全世界最早最长的人工运河。经过隋唐宋元明几个朝代的努力，大运河成为贯通南北交通的大动脉，连接海河、黄河、淮河、长江、钱塘江五大水系，对促进南北经济、文化发挥了重大作用。水利工程本身包含着人们在测量、选线、规划、施工等工程技术方面的智慧和对地理、水文知识的了解。

在长期的生产实践中，中国人民在驾驭和认识水力方面也显示出自己的聪明才干。龙骨水车是中国1700多年以来农业上广泛使用的灌溉机械。唐代以后，灌溉水车向大型化、多样化发展，有使用畜力驱动的高转筒车，有水力带动的水转筒车。粮食加工业也开始利用水力，东汉时已经使用水碓，以后逐渐制成水磨、水碾。水动机械以省力省时获得生命力，在唐代出现大型水磨坊，宋代出现了九转连磨。留存至今的屯溪明代磨坊，规模宏大，磨与碓连为一体，充分利用了水力。

中国古代不仅善于利用地表水，而且还会开发地下水。最迟在夏代，中国人便凿井汲水。在汉代又创造了"井渠"，定点挖掘深井，各井底又以渠相连，从井中取水供人、畜用，积少成多又可引以灌田，西北地区称为"坎儿井"。

水力机械除了用于农业以外，还广泛用于冶铁、纺织业。水力冶铁鼓风机、水转大纺车，都是利用水力资源设计的机械装置。如此广泛地使用水力资源，表现出古代劳动人民的高度智慧。

都 江 堰

在列强争霸的战国时期，兴修水利受到普遍重视，各国纷纷把它提到很高的战略地位来对待。齐、楚、魏、秦，纷纷出动人力、物力大兴水利工程。有了水利工程，就有了粮食；有了粮食，就能组织强大的军队；有了军队，就能征伐天下，取得优势地位。于是战国列强掀起了兴修水利工程的高潮。

魏国起步最早，魏文侯时起用李悝为相。李悝提倡"尽地力之教"，开凿了 12 条沟渠，使农业有了很大的进步。他引漳水灌溉邺县取得很大的经济效益，当时有人作诗称颂："邺有贤令兮为史公，决漳水兮灌邺旁，终古舄卤兮生稻粱。"魏国还花了 22 年的时间凿通了鸿沟，引黄河的水入圃田，又把圃田的水引出来灌溉中原各县，因而使魏国达到空前富足的境地，在战争中不断取得胜利。魏王"广公宫，制丹衣，柱建九斿，从七星之旟"，"乘夏车，称夏王"，称霸中原。与此同时，齐国、楚国、秦国也都相继在农田水利上投入了大量人力物力。秦国在兴修水利上成就最高，成效最大，这为增强其经济实力、最终统一中国奠定了物质基础。

秦国的秦孝公继位后，采用商鞅学说治理国家，实行"重农抑商"的政策，奖励农业生产，严禁弃农从商。秦国把商业称为末业，从事末业和不事生产而贫者一律罚为奴隶，强制他们修筑水利工程。秦王还派水利专家李冰任蜀郡守，治理现今四川一带。当年的蜀郡是秦国的西翼，秦国虎视中原，一直企图沿长江东下，定夺中州。因此，秦国修筑蜀郡的都江堰有着明显的政治、军事目的。从自然条件来看，岷江从岷山穿于崇山峻岭之间，一入灌县便闯入成都平原，水势浩渺，往往成灾，而沿江东岸高坡又常有旱情发生。为了改变这种局面，李冰及其儿子一到蜀郡便考察了岷江两岸地势，带领民众修筑都江堰解决这一问题。

这个工程由"鱼嘴""飞沙堰""宝瓶口"三项工程组成。分水"鱼嘴"是在岷江中流作堰，把岷江一分为二，东为内江，西为外江，外江是岷江主流。"宝瓶口"是劈开玉垒山建成的渠首工程。"飞沙堰"是调节入渠水量的溢洪道。内江流入宝瓶口进入平原灌溉。洪水季节，内江水超过灌溉所需要的水量，便由飞沙堰自行溢出。"宝瓶口"是调节内江水量的闸口。为了控制内江流量，在江内设石人三座作为观测水位的标尺，用石人肩和足作为堰上游水位和过堰流量的依据，保证水位"竭不至足，盛不没肩"。1974年在岷江的外江"鱼嘴"处出土了一个石人像，铭文有"故蜀郡李府君讳冰"和"造三神石人珍水万世"等字样，可知这就是当年的李冰石像。经过多年的观测，李冰父子总结出"深淘滩、低作堰"的检修经验，每年要把"宝瓶口"上游淤积的沙石清淘一次；而飞沙堰的堰顶不可修得过高，以免洪水泄流不畅。后代作为准则刻在石犀和卧铁上，以警世人。唐代诗人岑参作《石犀》诗，高度赞扬了李冰这条经验："江水初荡潏，蜀人几为鱼。向无尔石犀，安得有邑居。始知李太守，伯禹亦不如。"

据史料记载，李冰还组织人力，凿平溷崖，通正水道，解除沫水之害，并疏通了邛水和洛水。李冰所修筑的水利工程都是以岷江为中心治理的，其中以都江堰最为重要。后世继承了他的遗教，使这一伟大工程不断完善。现在灌区面积已达30余县市，近千万亩田地。

郑 国 渠

战国时期，列强不仅以武力争雄，还进行心理战术，互相钩心斗角，明争暗斗。秦国经商鞅变法后日渐强大，对周围小国虎视眈眈，一吞为快。公元前307年，秦国取韩国宜阳城，杀韩兵6万。公元前292年，秦国大将白起大破韩魏联军，杀两国官兵24万。在秦国不断的进攻下，韩国危若累卵。韩国朝野万分惊恐，遂派间谍郑国到秦国游说，力陈兴修水利的好处，企图把秦国的人力物力集中在大型土木工程中，无暇东顾韩国。郑国是位杰出的水利工程师，又善于辞令，秦王政接受了他的建议，在泾水、渭水、洛水之间投入了数十万劳动大军，希望建筑一个庞大的灌溉体系，解决咸阳以北的旱情。

开工没有多久，秦王政发现中了韩国奸计，传郑国问话，要杀他。郑国泰然自若，说："我建议修如此巨大的水利工程，的确有政治目的。你杀我自然很容易，但却使水利工程半途而废，这才是秦国真正的损失！倘若修好工程，必成贵国万世之利，韩国得到的安宁是暂时的，而贵国所获之利是永存的。"秦王政听后觉得言之有理，遂使工程继续进行。经过十多年的努力，渠道终于完成了。从东往西300余里地，4万多顷地终于得到了灌溉。泾阳、三原、高陵、富平、蒲城、白水等县，亩产都有了显著提高。"于是关中为沃野，无凶年。秦以富强，卒并诸侯。"秦国为了纪念郑国，将渠道称为郑国渠。

有了四川平原和关中地区的水利,秦国的国势迅速强盛起来,具备了吞并六国的物质条件。从公元前230年灭韩到前221年灭齐,仅用十年工夫就把六国兼并了。

郑国渠的成功经验表明,在一个农业社会里,谁抓住水利工程这一环,谁就掌握了富国强兵的钥匙。哪个国家水利工程废弛荒芜,哪里就会出现衰亡的迹象。

灵 渠

秦始皇用武力灭了韩、赵、魏、楚、燕、齐六个诸侯国之后,实现了"六王毕、四海一"的局面,建立了中央集权的统一王朝。为了进一步扩大战果,开拓南疆,他便发动了征服百越的战争。

百越是对分布在我国南方的古代民族的总称。由于交通闭塞,那里的人民同中原相比,在文化和生产上都比较落后。可是,那里的气候宜人,物产丰富,特别是出产象牙、珍珠、宝石和翡翠,十分诱人。秦始皇对此垂涎三尺,分兵两路进攻百越,一路经江西入广东,一路经湖南入广西。

由湖南进军广西,是沿湘水逆流而上。湘水的上游在广西已是源头，不能将军需物资运到广西全境。恰好珠江的支流之一漓江，离湘水源头唐公背岭仅十余里。如果将湘水和漓江连接起来，就能顺利完成军需输送任务。在行军途中，一个叫禄的监尉史主持凿渠运粮，获得秦政权的支持。秦军士卒与当地人民经过几年的艰苦劳动，于公元前214年凿通了这条长60多里的灵渠。

修筑灵渠广泛地采纳了郑国渠、特别是都江堰的成功经验。灵渠的"分水铧嘴"像都江堰的鱼嘴一样，分泄湘江水，然后把湘水堵住，提高了水位，再引入南面地势较高的漓江。由于流经的区域多是高地，渠中多设斗门。斗门就是闸门，即在两岸建筑石座，中间插入厚板阻止水流，水位就提高；抽板放水，水位便降低了。来往船只逐陡上进或下降，安全驰过山地。这样灵巧机动的水利工程，显示了我国古代劳动人民的聪明才智。

由于漓水又称灵水，这条渠被称为"灵渠"。它位于兴安县境内，人们又称它为"兴安运河"。这条运河起初是为了军运，到战争停息后也就成了民众的交通渠道。人们在渠道两旁又开了许多支渠，设立水门，灌溉了上万亩稻田。灵渠沟通了湘、漓二江，连接了长江和珠江两大水系，从而密切了中原和岭南之间的经济、文化交流，加强了汉族同南疆少数民族之间的关系。

灵渠是通往南疆的重要通道,历代政府都很重视对它的维修。唐代在灵渠增设了18道闸门,费钱530多万,用工5万。明朝以后闸门增加一倍,达36个,水上交通由此便利许多。直到现代,灵渠两岸人民还受惠于这条运河。

大 运 河

纵观中国历史,有两次经历长期分裂到空前大一统的局面,一是秦汉,二是隋唐。统一的局面为实施特大型工程提供了条件,秦代修建了举世闻名的长城,隋代则开凿了世界著名的大运河。

关于隋文帝和他的继承者隋炀帝为什么要开凿大运河,人们一直争论不休。我们先把这些争议放在一边。中国的政治中心一直在长安和洛阳一带,即黄河中游一侧。而自汉魏六朝以来,江南数省已成为全国最富庶的地方。《宋书》记:

"江南之为国盛矣!……地广野丰,民勤本业,一岁或稔,则数郡忘饥。会土(会稽)带海傍湖,良畴亦数十万顷,膏腴上地,亩直一金,鄠(今陕西西安鄠邑区)、杜(今陕西西安南)之间,不能比也。"

而涿郡自古以来是北方重镇，为兵家必争之地。这一南一北都有重要的政治、经济、军事意义，必须严加控制。可是，中国富庶地区的河流都是自西向东流，却没有一条南北流向的。为了从根本上加强中央集权，就必然想方设法解决南北交通问题。自秦代以来，中国便有修灵渠的丰富经验，到隋代中国出现第二次大一统局面，因而有了充足的人力、物力、财力。所以，隋文帝、隋炀帝得以每年征发数百万民工，发展漕运。

从公元605年到610年，在短短的五年内，急功近利的隋炀帝用极为残暴的手段，驱使数百万民工开凿了通济渠（从洛阳到淮安）、山阳渎（从淮安到扬州入长江）、永济渠（从河阴引黄河入泌水，北致涿郡）、江南河（从镇江到杭州）四大首尾衔接的水渠，这就是有名的隋大运河。隋大运河以洛阳为中心，北至涿郡，南达余杭。这条运河给当时的人民带来无穷无尽的苦难，修成之后又成为我国南北交通的大动脉，促进了南北经济、文化交流。元代是蒙古人掌权，定都大都（北京）后，粮食要从江浙运到大都。为了避免绕道洛阳，便裁弯取直，于至元二十六年（1289年）凿通了山东会通河，至元二十九年（1292年）凿通了通惠河。元代大运河全长1794公里，沟通海河、黄河、淮河、长江、钱塘江五大水系，为元明清三代经济发展发挥了巨大作用，是京广线铁路修筑之前最重要的南北交通干线。

治理黄河

黄河是中华民族的发祥地，我国先民世世代代在这里栖息繁衍，终于创造出绘声绘色的中原文化，遂使黄河中游流域成为全民族文化的源头。由此可知这条大河对于中国人的重要性。

黄河是我国第二大河，上源玛曲出青海省巴颜喀拉山脉雅拉达泽山麓，卡日曲出各姿各雅山麓，在鄂陵附近相汇；全长5464公里，流域面积75万平方公里。据地质学家研究表明，黄河的河龄只有170万年历史，尚属年轻的河流。黄河流域雨量不多但很集中，一到夏季汛期，支流雨水挟带大量泥沙汇入黄河，使之呈酱黄色。河水像脱缰的野马咆哮而下，猛烈地切割和冲刷着黄土高原，致使每立方米黄河水携带多达几百公斤的泥沙。泥沙淤积河床，使河水泛滥、决口或改道。历代统治者无不在治黄上下大气力，人们想出种种办法企图驾驭这条黄龙。

明代潘季驯在总结历代治黄经验的基础上，提出一整套科学的治河理论，并付诸实践，取得很大成效。潘季驯，字时良，浙江乌程人，明嘉靖进士。他曾四次出任总理河道职务，主持河政27年。后人汇其奏章、时人赠言，增删辑成《河防一览》一书，并有附图多幅，详细阐明他的治河观点。其书大旨是："通漕于河，则治河即以治漕；会河于淮，则治淮即以治河；合河、淮而同入于海，则治河、淮即以治海。总以束水攻沙为第一义。"后世治河，始终以这个观点作为治河的前提。

什么是"束水攻沙"呢？众所周知，水流过缓，泥沙容易下沉；水流急快，泥沙随水势下泻入海。因此潘季驯主张黄河中下游要修筑坚固的堤防，把河水束集起来，加快流速，排沙入海。他分析了河流泥沙运动的规律，指出："水分则势缓，势缓则沙停，沙停则河饱。""水合则势猛，势猛则沙刷，沙刷则河深。""筑堤束水，以水攻沙，水不奔溢于两旁，则必直刷乎河底。一定之理，必然之势，此合之所以愈于分也。"万历六年（1578年），他第三次奉命主持治河。他乘船亲自在海口实地调查泥沙淤积情况，并悉心听取民众意见，最后采取黄、淮合流办法，借水攻沙，取得良好效果。千里黄泛区，几年之间焕然一新，农舍林立，柳树成行，一片欣欣向荣景象。

有清一代凡268年，黄河河溢83次，决堤397次，人为决堤3次，大水209次。每次溢决，黄河水以排山倒海之势向两岸冲去，人死无算。平民出身的水利专家陈潢继承并发展了潘季驯束水攻沙的治河方针，提出"善治水者，先须曲体其性情，而或疏、或蓄、或束、或泄、或分、或合，而俱得其自然之宜"。他认为只有掌握水流规律，才能治理和驾驭它。为此他刻苦钻研，发明了"测水法"，以水纵横一丈、高一丈算一方，来测量河流一天的流量。这样就以定量的方法来测算"束水攻沙"的工程，这在世界水利史上也是一项重要的发明。

水力机械

水在古人看来，似乎是取之不尽用之不竭的资源。"子在川上曰，逝者如斯夫！"当人们将水的流动与永恒的时间联系在一起的时候，很容易想到利用水的力量来为人类做工。

早期的水力机械主要用于灌溉。远古时期，灌溉是一件很费气力的劳动。那时人们往往抱一件很大的陶瓮来到井边、河边汲水，然后背到田地浇灌。后来人们逐渐运用杠杆原理设计成桔槔，也就是后来的"挑竿子"，一引一仰，打水灌溉。到了东汉后期出现了水车之后，人们才从繁重的体力劳动中解脱出来。《后汉书·张让传》记："毕岚铸铜人……作翻车、渴乌，施于桥西，用洒南北郊路，以省百姓洒道之费。"三国时代的马钧，在毕岚的基础之上又做了改进，使儿童都可以转动，"其巧百倍于常"。翻车的形状有点像龙骨，所以又称龙骨水车。这时的灌溉机械的原动力还仅限于人力、畜力和风力，但是汉代已经有水排鼓风机出现。东汉和晋代已有水碓的记载，可能是受水排、水碓的启发，逐渐出现了运用水力为动力的龙骨水车。

唐宋以后，水力灌溉机械有了很大改进，出现了筒车和大型高转水车。筒车是利用水力为动力汲水上引，便于河边高地灌溉的汲水机械。水轮的大小、水筒的多少取决于河岸高低与水流的急缓。唐宋人多有歌颂它的功能。唐人陈廷章《水轮赋》中说：

"水能利物，轮乃曲成。……始崩腾以电散，俄宛转以风生。……观夫斫木而为，凭河而引。箭驰可能而滴沥，辐辏必循乎规准。……殊辘轳以致功，就其深矣；鄙桔槔之烦力，使自趋之。……回环润乎嘉毂，浡至逾于行潦。钩深致远，沿洄而可使在山。"

高转水车也是用水力作原动力,拨动竖轮、卧轮,使筒索兜水,循槽而上。王祯《农书》绘有其图,并说这种机械"日夜不息,绝胜人、牛所转。此诚秘术,今表暴之,以谕来者"。元、明时期,转轴、竖轮、卧轮等机械都有了改进,水转翻车成为最进步的灌溉机械。

水力机械还用于粮食加工业。谷物脱粒后,要加工成米、面才能食用。在发明水碓、水磨之前,磨、碾、碓都需用人力、畜力转动和敲击,费工费时。自从汉代出现水碓,人们开始运用水力来舂米脱壳。汉代《桓子新论》有水碓的记载。王祯的《农书》和宋应星的《天工开物》则有水碓的图绘。从图绘上看,水碓是由立式水轮与一组碓组成,利用水力使凸轮转动,拨动碓杆进行工作,碓头因此一起一落进行舂米,省时省力。磨是加工米、面、豆类的加工机械,由两扇圆柱形石盘组成,推起磨来十分沉重。用水力作动力的磨可能在晋代就已经出现了。水磨由磨和水轮组成,由立轴贯穿起来,安装在流速较大的水中,水流激发卧水轮转动,从而带动上端磨盘转动工作。一个水轮可以带动几个磨同时工作,叫作水转连机磨。连磨与碓连接在一起,可以更好地利用水力。还可以将磨、砻、碾分别连接在水轮上,可以磨面、粝米、碾谷,做到一机三事,又称"水轮三事"。

水力机械中，还有用于冶金和纺织的。用于冶金方面的水排，我们在青铜器部分已经介绍过了，用于纺织业的水力机械有著名的水力大纺车。纺车是对苎麻、蚕丝等纤维进行并股、加捻成线的机械。在我国纺织业中，纺车的历史经过手摇到脚踏、从单锭到多锭的发展历程。到了宋代，由于社会的需求，由水力作原动力的水转大纺车应运而生了。这种大纺车多设在山泉、江河之边，"中原苎麻之乡，凡临流处多置之"。据王祯《农书》介绍，这种纺车可以安装32个锭子，由水力发动，机械运转起来"捷如神"。《农书》有水转大纺车的图绘，由原动轮（水轮）、传动机械（皮带或称皮弦）以及加捻卷线的工作机（纺车）三部分组成，它已经具备了近代纺纱机的基本形式。西方应用水力机械从事纺织业已经是18世纪的事情了。1769年，英国人瑞恰德·阿克莱创造了水力纺机并建立了欧洲第一个水力纱厂，但比起我国的水转大纺车已经晚了400余年。

我国的水排与水碓几乎是同时发明的，以后又出现各种复杂的水磨，最后终于出现水转大纺车。这说明我国水力机械系统自成体系，是独立发展起来的。它通过水轮、连杆、曲柄、传动装置，将旋转运动改变成往复直线运动，从而完成了中国机械史上的一次飞跃。

天文仪器

天文观测与天文仪器

中国的天文学有着悠久的历史和光辉的成就,它集中体现在天文观测和天文记录方面。在观测上精勤而持久,在记录上认真而严肃,这是中国天文学一大特色,常为欧美学者所叹服。

为什么中国天文学会有这一特点呢?原因之一,这和中国的文化特征有着密切的联系。自三代以来,历来帝王都称自己是"天子"。所谓"天子",就是天的儿子。而古人认为天象示警,天象中任何细微变化都意味着地上人间的某种吉凶祸福。能不能做好天子,往往取决于对天象的观察分析,所以对天象的观察成为历代王朝最为关心的事。历代钦天监,直接向皇帝本人负责。负责记录天象的史官,兢兢业业地做记录工作,对天象要"观测入微"。这就是为什么像日食、月食、黑子、日珥、彗星、流星雨这样的异常天象,中国都保持着世界上最早、最完整的记录。

中国的天文记录的可靠性,可由新星和超新星的记录得以证明。根据天体物理学知识,我们知道,恒星也有生老病死的过程。恒星衰老时,它的内部引力逐渐加大,触引内部物质的核爆炸,使它突然释放出巨大的能量,亮度剧增几千万倍到上亿倍。如果夜空中突然出现了过去不曾见过的星星,那便是一颗新星的爆发。如果这颗星特别亮,那便是超新星。在中国天文学的文献里,这些新星被称作"客星"记录在历史档案里。由于新星和超新星爆炸后都留有遗迹,射电天文学家可以根据这些遗迹来判断新星爆发的时间。令人感到兴奋的是,宋景德三年(1006年)的"周伯星"、宋至和元年(1054年)"天关客星"、宋淳熙八年(1181年)"传舍客星"、明隆庆六年(1572年)"阁道客星"、明万历三十二年(1604年)的"尾分客星"的记述,都得到了射电天文学家的确认。由此可知,中国的天文观测是多么准确!

古代社会人的眼睛是最好的望远镜,世界上许多奇异的天象都是用眼睛发现的。天文学家认为,宋代人们用自己的双目发现了木星的第三颗卫星。那时候的大气污染还没有形成，能见度很高，一定能看到目前我们看不到的星体。不过，仅凭眼睛是无法判断星体的方位、轨迹的，这就需要一系列天文仪器作为观测手段。古人观测天象的主要目的之一就是要编造历法，"钦若昊天，敬授民时"。因此，我国历史上出现了许多当时最先进的天文仪器。

相传黄帝曾作盖天，颛顼曾作浑天，帝尧即位后曾创立浑仪，这些传说无法证实。不过，圭表可能是最早的天文仪器。到了周秦，已有漏壶计时。汉代已有盖天、宣夜、浑天三种宇宙模式，并有了高大的灵台。宋元时期是中国天文学的高峰。苏颂于1088年制成"水运仪象台"，将浑仪、浑象、计时装置集于一体，观测天体、演示天象、标示时间同时进行。郭守敬创制简仪，精确度高，又便于使用。明清两代天文仪器集中在观象台上。简仪和浑仪则在南京紫金山天文台保存，它们是我国天文仪器中的珍品。

圭　表

圭表是我国最早的天文仪器，也是沿用时间最长的测天工具。我国古代以农为本，奠定了中国灿烂的文明，而测定节气、不误农时，成为发展农业的先决条件。因此，在我国很早以前,便产生了测量节气的古老天文仪器——表。表有时又称作竿、槷、槹、碑、髀,它是用木或石制成长杆,观察它在阳光下的投影,用圭来测量影子的长度,根据日影的长短来定方向、定节气、定时刻、定地域。

定方向的方法是,到了中午,表影最短,因而找出了子午线,即南北方向,由此可知东西。

定节气的方法是,冬至这一天影子最长,夏至这一天影子最短,两者的平均数即可求得春分、秋分,由此划分24个节气。

定时刻的方法是,从一天中的表影方位变化,测定时刻。一天中表影最短时,即午时。

根据《周礼·地官》记载,古代在分封诸侯,划分封域疆界时,也用圭表。《周礼》上说:"凡建邦国,以土圭土其地而制其域。"具体如何使用圭表划定封域记述得不清楚,我们也无法推测。

总之,圭表的用处很多,因此从汉代到明清一直沿用。

圭表的大小、长短不一,有固定在灵台上的,也有便携式的,可供随身携带计时。尺寸大小视使用目的而定。汉代《三辅黄图》一书记述长安灵台有铜表,高8尺,长1丈3尺,广1尺2寸。题云:"太初四年造。"长1丈3尺,是指铜圭的长度；高8尺，是指表高，近似一个普通人的身高。灵台就是古代的观象台。这可能是圭表的标准尺寸，用于天文观测。1965年，在江苏仪征一个东汉墓中发现了一具东汉袖珍式铜圭表。这具铜圭表的圭面全长34.5厘米，宽2.8厘米，厚1.4厘米。从表端到圭面为19.2厘米，宽2.2厘米。合成汉尺，表高为8寸，恰好是标准铜表尺的1/10。由此可知，它是一件袖珍圭表，折叠起来可随身携带，用时将表一支，就可以读出圭尺上的影长，十分方便。

宋元明清的圭表基本上保持着汉以来的器形和尺寸。南京观象台上的圭表是明正统年制，清乾隆九年（1744年）重修。石座上平卧铜圭，周设水渠，以示水平。南端立铜表，上端有铜叶，中开圆孔，作为景符，这样太阳光透过小孔就在圭面上形成一椭圆形的像，影长的距离就非常清晰。圭面北端加了一个3尺5寸的立表作为辅助表，以便测量高纬度地区冬至的影长。

托克托日晷

由于地球自转，太阳每天在天球上的位置不断变化。自古以来，人们便把太阳的位置作为判断一天内时刻的标志。

专门用于定时刻的仪器,古代称为日晷。

"日晷"一词,在古文献中出现较多,出土器物却仅有一件,即清光绪二十三年(1897年)在内蒙古托克托出土的日晷,现由中国历史博物馆收藏。这是一块一尺见方的泥质大理石石板,边长27.4厘米,厚3.5厘米。石板表面平整,中央为一圆孔,直径1厘米,深1.2厘米。以中央孔为心刻出两个圆周和一个大圆弧。在内外圆之间刻有69条辐线。圆周上刻有69个浅孔,孔间距离相等,共占圆周的2/3略多。浅孔边上标有数码,从1到69按顺时针方向排列,字体为谨严的汉篆,根据出土情况和所刻文字可以确断为秦汉遗物。

关于这块日晷的用法有不同的推测,但从刻线及刻度上看,它主要用于对太阳的观测,这点是毫无疑义的。从刻度上看,仪器的制作者显然把整个圆周分成100等分,代表一天为百刻。没有刻画的部分,可能代表日出前和日落后的刻数。由此推论,它是一件校准漏刻的日晷仪。使用时,可以把它平放在地面,中央置表柱,随着太阳在空际中东升西落,表影便投落于晷面刻度盘内移动。在日出、日中、日落三点各立杆作标志,可测出不同季节昼、夜之长度(各有多少刻)以及检验漏壶的流速及准确性。晷面上T、L、Y形线条是稍后加刻的，Y代表四维（即东北、东南、西北、西南），T代表四伸（即东西南北），L象征矩形，是汉代常见的纹饰。由此可知，日晷的功能是很多的。

单漏和复漏

晴天时，人们可以用圭表、日晷计时，阴晦天气就无法用它们了，于是就发明了漏壶。漏壶里面的水一滴一滴地往下漏，壶中水位逐渐下降，浮在壶中的箭刻也逐渐下沉。箭刻上刻有时辰的度数，由此可知流逝的时间。

漏壶大小不一，小的如茶杯，这可能是袖珍式漏壶，随身携带计时；大的像个暖水瓶，一般高23厘米左右（即1汉尺），形状像卮筒。陕西的兴平市，内蒙古的鄂尔多斯市和河北保定市满城区都出土过漏壶。这种单漏一般容积较小，很难计量百刻时间。一般使用方法是记录一段时间，如记录日食、月食的时间，或作诗限定几刻完成，等等。由于漏壶水面逐渐降低，出水速度也随之不断趋于缓慢，误差越来越大。因此，要计量较长的时间就需要用圭表、日晷加以校正，以期连续使用。为了保持水面稳定，使壶中的水不断得到补充，于是就出现了复式漏壶。

复式漏壶有二级、三级、四级式的。唐代吕才所制漏壶分四匮，分别叫作夜天池、日天池、平壶、万分壶，受水器叫作水海。水自夜天池而下流入水海，铜人持浮箭，箭上有刻分。现存最早的复漏是元延祐三年（1316年）造的铜壶滴漏，通高2.64米，由日、月、星、受水壶四件组成。每壶部有盖，放置在阶梯式的座架上。上层壶中之水，以恒定流量层层滴下。受水壶盖中央插一把铜尺，长66.6厘米，尺上划分为12时辰。铜尺前插一木制浮箭，下为浮舟。舟因壶中水的增加而上升，观察浮箭上升高度与铜尺刻度的对照，可以测定时刻。

圭表、日晷称日钟，漏壶则称水钟。无论是日钟还是水钟，希腊、埃及文明中都留有遗物或文献记载，但以中国的计时器设计最精巧，品种也为最多，使用时间亦最长。

浑　仪

浑仪又称浑天仪，是我国古代最重要的天文仪器。历代天文学家都要设计并使用它，使它不断得到改进和完善。浑仪起于何时目前尚不清楚，一般认为是西汉太初年间（前104—前101年）天文学家落下闳在制定太初历时所创制的。之后，东汉的张衡，三国时代的王蕃、葛衡，南朝的钱乐之、陶宏景，隋唐的耿询、一行、梁令瓒，不断地加以改造，到了宋代已趋成熟。宋代的张思训、韩显符、周琮、于渊等根据开元遗法，已经在制作方法上有了很大进步；到了苏颂，集各家所长，使浑仪的制作更加精密。

浑仪是测量天体的球面坐标仪器，它制作用意在于模仿人目所见天球形状。因此，它把仪器制成一组组同心环，整体看起来就像由一系列同心环组成的圆球。苏颂所设计的浑仪仪体分三层：外层叫"六合仪"，包括地平、子午、赤道三个环，主要用于测定一天的时间和经纬度；中层叫"三辰仪"，包括黄道环、赤道环和白道环，测定一年四季分化及日月星辰的位置；内层叫"四游仪"，环中设有窥管，以备观测目标。宋代浑仪多用铜铸，因此需要巨大的台架和支柱，每台仪器用铜多达2万斤。

有了浑仪，就能准确地判断星辰在天球中的位置及其运行轨道，从而为进一步研究它们运行的规律奠定了基础。有了精确的浑仪，便会制作更为准确的天文图。南宋出现的苏州石刻天文图碑并非偶然。据专家考证，它是根据实测天文资料镌刻而成，包括二十八宿在内的1434颗星体，并绘出银河的界限。图下附有说明，注明黄道、赤道、白道、经星、纬昌、十二辰等数据。没有精良的观察工具，很难制出如此精确的天文图。

现存明代浑仪在南京紫金山天文台，于明正统二年（1437年）造，底座长246厘米，通高280厘米，由铅锡青铜合铸而成。拱托仪器的四条铜龙，腾跃欲飞，形态各异，说明是用捏蜡法成形，充分利用了失蜡法可在三度空间任意塑造的特性。龙柱内设有铁芯，加强了铜龙柱的抗变能力。这件天文仪器不仅是科学上的杰作，也是一件罕见的艺术品。

浑　象

浑象又称浑天象，是表现天球运动的仪器。自汉代以来，盛行"浑天说"，认为"浑天如鸡子，天体圆如弹丸。地如鸡中黄，孤居于内"。意思是说，天形穹窿好像鸡蛋的壳，地居天内好像蛋黄。依据这个原理，便把人们所观察的天象塑造成一个圆球体，作为演示天象的仪器。

浑象有大有小，上面布满了人们所观察到的星辰以及黄道、赤道坐标系统。东汉的张衡，三国时代的陆绩、王蕃，隋代的耿询，都创制过浑象。张衡研制的浑象，直径有4尺6寸，球面上刻有中、外星官，二十八宿，黄道、赤道，二十四节气，南、北极常显圈。球体贯穿南北极轴。由于装置了一套齿轮系统机械，利用漏壶流水使浑象绕极轴旋转。因此，这种浑象又相当于一个机械日历。

苏颂所设计的浑象总结了前人的经验，并有新的创造。他设计的浑象球体外置有天经双规和地浑单环规。天经双规是正南北方向放置，地浑规是保持水平放置在方木柜上；浑象球半隐柜中，半在柜外，球体用枢轴贯起，枢轴与地浑规面成 35° 的开角（是汴京的地理纬度），球体可以转动，很像现代的地球仪。通过一系列齿轮装置，使极轴与昼夜机轮相结，随机轴转动。浑象自东向西转动，与天体外表的运转一致，球面星座的位置与天象相合。

在北京古观象台陈列着清康熙年间制造的天球仪，与古代浑象相比，没有多大区别。不同的是，在球体子午环下部刻有齿痕，转动与之相连的齿轮，就可以根据所在地的纬度来调节天球仪的极轴和地平圈的角距离。球面上包括天球南极附近的星，用铜星的大小区别其亮度。这一仪器由南怀仁设计督造，因此反映了部分欧洲天文学的研究成果，但其基本形制还是沿用浑象的形式。

水运仪象台

只要人们在研究近代机器起源的时候,就会追溯到钟表制造术的历史;只要追溯钟表的起源,人们便会联想到中国人苏颂所制造的水运仪象台。

苏颂,字子容,宋代福建泉州人,后迁居丹阳,生于宋真宗天禧四年(1020年),卒于徽宗建中靖国元年(1101年)。庆历二年(1042年)考取进士,历任宿州观察推官、开封知府、吏部尚书,后来做了宰相。他在错综复杂的政治生活中,能"议论持平,务循故事。避远权宠,不立党援"。被罢相后,朝廷又称颂他"雍容雅正,多援古以开陈,练达精明,亦宜今而裁制"。在学术上,苏颂也堪称博学。除了熟谙经、史、诸子百家外,他对图纬、阴阳、五行、星官、数术、山经、本草、训诂、文字无所不通,都能"探其源,综其妙"并"验之实事"。

他在自然科学领域的贡献是巨大的,最突出的有两个方面:一是医药学,二是天文学。医药学方面,他组织当时最优秀的学者校订了《神农本草》《灵枢》《太素》《甲乙经》《素问》以及《广济》《千金》《外台秘要》等药书,从文理与医理两方面增补了唐本草，编著了《本草图经》。这是一部图文并茂的药物百科全书，李时珍的伟大著作《本草纲目》收录了这部书的许多精辟论断。苏颂在集贤院整理书籍时，抱着"古为今用""实事求是"的态度，使历史文献与实物标本得到验证，从而表露了他的治学态度与当时的理学家是完全不一样的。苏颂在天文学上的贡献，是他给我们留下了一部完整的讲宋代天文学和天文仪器的巨著。我们知道，中国的天文学与天文仪器的制造都是很悠久的。从东汉张衡以来，许多天文仪器装有自动化的机械，可惜都没有详细记载，宋代以前的星图又多遗失无闻。由于苏颂的书流传至今，使我们今天研究古代天文和天文仪器有了一把贯通古今的钥匙，这把钥匙就是他的伟大著作《新仪象法要》。这部书代表着我国11世纪天文学的新成就，同时通过天文仪器的制造，反映了这一时代的科学技术水平。

苏颂所创制的天文仪器，实际上就是一个自动化的天文台。它利用机械构造，把机轮的运动速度变慢，使它连续保持一个恒定的速度，与天体的运动节奏一致。通过几组机械轮系的传动，带动浑仪、浑象和计时装置，使观测天象、演示天象、计时工作同时进行。由于它是用水的恒定流量发动水轮做间歇运动，带转仪器的运转，故命名为"水运仪象台"。

这座天文台总体高度以宋木矩尺计算是3丈5尺6寸5分，宽为2丈1尺，从台基到露台的台面是2丈1尺4寸5分。全台是一座正方形上狭下广收分的木构建筑。台分3层，下隔靠北设有木板长台，它作为操作场所，是打水人操转水轮的地方。操作台前有一组提水机械，由升水下轮、升水下壶、升水上轮、升水上壶、河车、天车组成。由打水人搬运河车（即舵盘）将水由升水上下轮（即筒车）逐级提高，灌入到天河（即受水槽）中。

在这组打水机械东边，设有一组"铜壶滴漏"的仪器。在一个不等高的壶架上，设有两个方水槽，高大的叫天池，低小的叫平水壶，天河的水由西向天池流入，它是起蓄水池的作用。平水壶一方面接受天池的水源，同时设有池水管的装置和一定口径的渴乌（即壶嘴），保持一定的水位高度和恒定的流量。

平水壶之西、打水筒车之南，在台的中央部分设有一座直径1丈1尺的枢轮，它是全台的原动力。在枢轮顶部的建筑部分附设一组所谓天衡、天关、天权和左右天锁的杠杆装置，即钟表中擒纵器的机械。

枢轮下设有退水壶，即接受水斗泄水的水槽。在水槽的北面并有水管与升水下壶相接，这样就可以将退水壶的水流到升水下壶中，以便供给筒水水源，所以台中的水量是可以循环使用的。

在壶架的下根横桄上设有一组叫关舌的杠杆，用一根练形的天条将它挂在天衡的东端，并在壶架的上根横桄上设有一组叫格叉、枢衡、枢权的类似秤杆或天平作用的杠杆装置。格叉作龙头形，叉头西向，平托住枢轮的斗底。枢权起调整格叉承托枢轮下转重量的平衡作用，当枢轮水斗水满时，枢权失了平衡作用，格叉下倾，枢权上扬，轮边的铁拨子随即拨开关舌，拉动天衡，天关上启，枢轮下转，天关下落，由于左右无锁的擒纵抵拒作用，使枢轮只能转过一辐。

枢轮通过几组齿轮系使浑仪、浑象、计时仪器分别按一定的速度转动。枢轮运转的规律是每25秒钟落水一斗，一刻钟转一周，24小时转96周，而昼夜机轮、浑象、浑仪转一周与地球运转一致。

计时装置叫昼夜机轮，它前面有木阁数层。第一层木阁叫昼夜钟鼓轮，上有三重不等高的小立柱，起凸轮作用，以关拨作用拉动木人手臂，到一刻钟时，木人击鼓；时初时摇铃，时正时扣钟。第二层木阁叫昼夜时初正轮，轮辋边有24个司辰木人，按24时报时，报时在木阁门前出现。第三层木阁叫报刻司辰轮，轮辋边有96个司辰木人，每一刻出现一人。第四层木阁叫夜漏金钲轮，可以拉动木人按更击钲报更，并且可以按季节进行调整昼夜长短的变化。第五层木阁叫夜漏司辰轮，轮辋边设38个司辰木人，木人位置可以按节气变动，从日入到日出按更筹排列。

在今天装有吊摆或圆摆的钟表机械中，仍然使用一组使轮机变慢、控制恒定速度的锚状擒纵器，俗称卡子。这组机械是钟表中关键的结构，数百年来都认为是欧洲人发明的，通过对水运仪象台的复原，我们才知道钟表擒纵器的发明者应首推苏颂。

苏颂在学术上的成就来自于吸取民间的无穷智慧。水运仪象台的创制，他采用了民间使用的水车、筒车、桔槔、凸轮等生产机械原理并加以创造，这种治学态度是极为可贵的。

假天仪

近代假天仪又名天象仪，是一种普及天文知识的仪器。它利用光学和机械电力设备，操纵天体运行的速度，放映人造星空，用来介绍天象的变化。这种专门用于科普的建筑叫作假天馆，一般设在天文馆内。我国自北宋以来便有类似假天馆的仪器，叫作假天仪。

假天仪是苏颂、韩公廉设计的，王应麟在《玉海》中记录了假天仪制造的始末。

苏颂设计了水运仪象台后，朝廷派翰林学士许将校验浑象和浑仪的准确性。许将在天文学方面是个外行，他审察了水运仪象台之后，认为浑象和浑仪分别装置参验，不如以浑象为基础，将两仪合一，"即象为仪"。这个意见很快得到朝廷批准，于是由苏颂设计，韩公廉计算尺寸，经过几年苦心研究，终于设计出一种新型仪器——假天仪。"颂因其家所藏小样而悟于心，令公廉布算，数年而器成。大如人体，人居其中，有如笼象，因星凿窍，如星以备。激轮旋转之势，中星、昏、晚（晓），应时皆见于窍中。星官历翁，聚观骇叹，盖古未尝有也。绍圣中欲毁之，林希为言得不废。"

根据《玉海》记载，中国历史博物馆对假天仪进行了复原。依据古代"天圆地方"的学说，制成浑象球和方柜式的台座。柜上设有经纬两种规环，用以布置星位坐标。浑象球上的星象用"因星凿窍"的方法表现，人坐于球体内，借用球体外的天然光线便能形象地观看星空。球体中轴置有操纵把手，转动把手，浑象球就能随意旋转，模拟星空运转。

传世最早的这种仪器是现存圣彼得堡古物博物馆中由高特普设计、1713年赠给彼得大帝的礼物，直径4米，重3.2吨，球外面绘世界地图，球内画星座，枢轴成45°的交角，内可容纳10人，借用水力转动，演示时需放置在一个特制的建筑里进行。1912年美国芝加哥科学博物馆制造了一件"因星开窍"的假天仪，直径15英尺，用马口铁制成，星有大小，日月用电灯表示，运动是由电力带转。纯粹机械结构的假天仪是在1920年由德国蔡斯工厂主任技师佛兰斯·梅叶制成的，现北京天文馆所用者即以此型改进而设计的。总之，在没有发明电灯以前，数千颗星的表现如借助于灯火，则不便于旋转；利用香火则烟气太多，不便于观察。"因星开窍"的设计，展现了我国古代科学家们的睿智。苏颂的假天仪，比起高特普的早了600余年。

简　仪

浑仪是我国天文仪器中最重要的测天工具，但是它有两个缺点：一是装配复杂；二是环圈交错，彼此遮掩，观测不便。于是，从北宋开始就出现改造浑仪的趋势，金元时简仪应运而生。

金章宗承安四年（1199年），有个名叫丑和尚的人向朝廷进呈天文仪器的图纸，其中有"简仪"一项，后来是否做成没有下文。真正完成简仪设计并制造成功的是元代天文学家郭守敬。郭守敬（1231—1316年），字若思，河北邢台人，曾任都水少监，主持了华北平原许多水利工程，晚年任都水监，主持修治通惠河。他在天文方面的贡献是，与王恂、许衡等人共同编制了《授时历》，施行达360年之久，成为我国历法史上施行最久的历法。他还善于制造天文仪器，创制并改进了包括简仪在内的仪器达20件。其中，简仪、仰仪、高表、景符和窥几都是具有重要意义的发明。他制作的星晷定时仪、水运浑象、日月食仪、玲珑仪已经失传，但据当时人评价是非常巧妙的。

简仪的结构是针对浑仪观测圆环过分集中这个缺点设计出来的。它把浑仪分成两个独立的仪器，一是赤道经纬仪，一是地平经纬仪。赤道经纬仪只保留了四游、赤道和百刻三个环，而把赤道环和百刻环移到四游环的南端。这样，四游环在观测天体时，就不会受到环身遮掩了。赤道经纬仪是简仪的主体，它的主要的环仅有两件。把赤道环改到赤经环转动轴的南端，用两组架子把这个转动轴顺南北方向支起来，并使它与天球极轴平行。现代天文台内大望远镜的赤道装置，特别是英国式的类型即从简仪脱胎而来的。这种装置结构简约而使用便利，故称"简仪"。

简仪上的刻度最小分格可到1/36度，这是任何古代仪器都没有达到过的。用它测出的二十八宿距星等位置是中国古代最准确的，可见仪器本身十分精密。为了校正仪器的极轴，郭守敬在简仪上安装了候极仪。为了提高简仪安装的准确度，便在底座上开了水平槽，并在底座南部安置了正方案，后改为平面日晷。

总之，简仪是我国古代人民的一项杰出创造，它把我国赤道式天文仪器发展到一个新阶段。西方直到16世纪才出现与简仪匹敌的仪器，比郭守敬晚了300余年。

现存南京紫金山天文台的简仪，是明正统二年（1437年）用铅青铜制作的。底座长628厘米，宽372厘米，通高300厘米，以失蜡法和陶范铸造而成型，经修磨后装配而成。巨大的底座，四周及内壁浮雕龙、云纹，都是一次整铸而成。云柱斜置，两端与底座相接，中间有乌龟，回首吐云。龙柱内均设铁芯，用失蜡法整铸成形。其造型生动，呈立体透雕效果。简仪同浑仪一样，集科学与艺术于一体，代表着我国科学技术与工艺美术的最高水平。不幸的是，简仪与浑仪屡遭磨难。

明初，简仪与浑仪及其他天文仪器安放在南京鸡鸣山观象台，清康熙年间移到北京观象台。光绪二十六年（1900年），帝国主义八国联军攻陷北京，法、德侵略者瓜分我国天文仪器。法国人掠走简仪及赤道经纬仪、地平经纬仪，藏在使馆，数年后才归还清政府。浑仪则被德国人运往欧洲，陈列在波茨坦宫。第一次世界大战后，德国战败才归还我国。九一八事变后，华北时局日益紧张，国民党政府将古物南迁。浑仪、简仪又从北京迁到南京紫金山天文台。1937年12月南京失陷，天文仪器又遭洗劫，龙爪多被砍断，附属零件几乎荡然无存。现在这两件仪器已被国家列为一级文物加以保护。有关单位已将简仪复制成原大，陈列在南京紫金山天文台。

车 船

中国早期的车

中国早期的车始于何时,古人众说纷纭。有人说是"黄帝造车",也有人说是"奚仲造车"。一部分外国学者认为,两河流域的文明早于中国数千年,中国早期的车可能受传入中国的西亚文明的影响。到目前为止,夏文化遗址中尚未发现车的遗迹,商、周的车则发现了数十处。殷商甲骨文和金文中,不仅有"车"字,还有类似"轮""舆""辕""衡""轭人"诸字,这些古字都可以同考古发掘的古车遗迹互相印证。

河南出土的商代车马随葬坑,为我们提供了早期马车的形象。当时的车子一般为双轮,车厢呈长方形或方形,车为独辕,辕前设横木,称之为"衡",两侧设人字形轭,是系驾马的工具，用轭与靷绳控纵马匹。马数一般为两匹，有的多至六匹。为了牢固起见，有个别车部件为青铜铸件。这些车设计合理，性能优良，装饰豪华，有着鲜明的风格。

按绝对年代来计算，西亚文化在公元前3000年即有马车。据目前我们所知，最早的中国马车是在商代晚期，不早于公元前13世纪，其间相距甚远。两者之间有无联系，目前尚无研究。从系驾方式上来看，中国与西方及西亚有所不同。中国早期的马车系驾方式不十分清楚，但是从陕西秦始皇陵出土的铜车马来看，是属于胸带式系驾法，而西亚与欧洲则属于颈带式系驾法。

马车是贵族用车，稍加改动后也可作战车使用。春秋战国时车战盛行，马车得到迅速发展，战车多少成为衡量诸侯国强弱的重要标志。秦汉以后，车辆的制造技术、驾驭方法以及车辆种类有了新的发展。在封建等级社会里，王室、贵族和一般百姓乘用的车均有不同，形成了用车制度。帝王用车称"安车"或"金根车"，车厢顶部有华丽的车盖；一般高级官吏乘用车称"轺车"，车厢中央支有伞，品级最低的官员乘"辇车"；贵族妇女乘"辎车"；劳动人民则使用鹿车，又可乘人，又可载物。

有了这么多车，一定会有许多造车人，这些工匠被称为

"轮人""舆人""辀人"。《考工记》专记百工之事,也将造车技术记录在里面。其在《轮人篇》里记述了造车轮和车盖的技术;《舆人篇》里介绍了制造车厢的技术;《辀人篇》里介绍了制作辕、衡、车轴的技术。从车轮制造方法上来看,已经采用了现代工程技术中的模数制。

要使马曳车控驭自如,不是一件容易的事。除了系驾方法得当,还要悉心掌握驾车技术。如《诗经》上所说,要"四牡骓骓,六辔如琴",各条靷绳受力均匀,排列得当,就须驭手认真学习操练。因此,孔子将驾车技术——"御"当作六艺之一。《礼记·王制》说到,"凡执技以事上者,祝、史、射、御、医、卜及百工",它表明驾车的驭手与祭司、天文学家、射手、医生、卜卦者的地位是同等重要的。唐宋以来,达官贵人乘轿风气盛行,制造轿子的技术愈来愈精。西方人将轿子与车连在一起形成轿车,这大概是近代轿车的起源。

轮轴机械与杠杆机械

自工业革命以来,车辆与机械密不可分,形成一体。"机车"成为动力车辆的代名词,如内燃机车、蒸汽机车就是如此。中国古代车辆与其他机械分别各自成为一个系统,按着两条线索发展起来。

从文字学上来讲,"车"与"轮"可以互训。东汉许慎《说文解字·车部》说,"车"乃"舆轮之总名"。同书"轮"字,"有辐曰轮,无辐曰辁"。《周礼·考工记》说,"察车自轮始",说明轮是车的主要部件。从轮轴机械发展史上来看,轮与车似乎也有着历史承续上的联系。在新石器时代中晚期的制陶业和治玉业中,已经出现了陶轮和砣轮。陶轮是人类最早的轮轴机械,它的外形很圆,速度很快,人类早期的车很可能是受陶轮的启发而研制成交通工具的。另外,在古代原始绘画中,不论中外又都是以轮的有无作为车的区别的,所以轮与车有着十分密切的关系。在中国古代,以轮为特征的机械都称为车。元代王祯《农书》和明代《天工开物》中的筒车、翻车、刮车、纺车都称车,就是这个道理。《宋史·岳飞传》中记述农民起义领袖杨幺制作的有轮战船,当时是叫作"车船",也是这个道理。到了近代,这种约定俗成的称谓一直延续下来。比如,我们将蒸汽机船译成"轮船",将近代轮机房叫作"车间",这都有历史上的渊源。

机械中的"机"字,繁体字为"機",据《说文解字》原训为织机。从金文、甲骨文上来看,这个"機"字是一个象形文字。它像一架斜织机,上边吊着两束丝。在新石器时代晚期，我们祖先已经掌握了丝织的本领。金文中的"机"字，可以和商周时代丝织机联系在一起进行互释。古代的织机没有轮子，而是由一系列的棕杆组成的杠杆机械。所以，由杠杆组成的机械，都称"机"，如织机、布机、卧机、碓机、撞机、牙机、弩机。由"机"字假借为用的词，还有机构、机会、机变、机警，等等。

古代的车辆机械与杠杆机械分离开来，各自成为一个系统，说明了当时人们认识客观世界的水平。在农业社会里，人们认识客观事物往往是静止的、孤立的，不能从整体中把握客观事物。水排是将轮轴机械与杠杆机械结合起来的一种高级机械，可惜后人没有沿着这条思路积极地走下去。西方人在这方面走在了我们的前面。他们将轮轴与杠杆机械联合在一起考察问题，率先制成蒸汽机，并把它们装置在轿车上，成为早期的机械动力车辆。

鹿　车

中国是一个幅员辽阔的东方大国，自秦汉以来又形成了统一局面。没有灵巧方便的交通工具，不可能做到人员的来往，物资的交流。所以，自西汉以来出现了一种经济实用、造型简练的车,叫鹿车。

鹿车又叫独轮车,由于它的轮轴转动有历碌之声,从车轮命名而称辘车。由于车形像鹿,魏晋以来又称鹿角车,简称鹿车。从驾法上看,不用畜力而用人力手推,又称推车。现在民间还沿用此车,有的叫手推车、羊角车、独轮车,等等。总之,这种车的名称来源多从驾法、车形和车轮的特征命名的。

独轮车虽然造型简练,但从经济实用的角度上来看,却能充分体现古代劳动人民的无穷智慧。它的基本部件只有两件,一为车轮,二为木制框架。框架置于轮上,伸出两车柄,框架下有两只足,使用起来十分方便,特别是在狭窄而又不平的小路上负荷很重,行路自如。这种灵巧小车很受人们的喜爱。古代学者应劭《风俗通》记载:"鹿车窄小,裁容一鹿也,或云乐车。乘牛马者,到轩(斩)饮饲达曙。今乘此,虽为劳极,然入传舍,偃卧无忧,故曰乐车。无牛马而能行者,独一人所致耳。"这种独轮车在山道上行走,比起两轮车或四轮车优越很多。因此,许多学者认为,古代的"木牛流马"很可能就是独轮车。

不同地区的手推车,外形差别很大。有的木框架为三角形,有的如梯子,有的似斗状,根据不同需要而随时改变车形。迄今为止,农村广大地区依然沿用此车,可见它的生命力之强。

马车与牛车

中国古代的车辆形制是多种多样的,单以轮为例,就有独轮、两轮、三轮、四轮、八轮车,最多达二十个轮子;以功能为例,除了记里鼓车、指南车之外,尚有楼车、巢车、磨车、帆车、铁甲车、架火战车等。楼车、巢车属于高驾车辆,用于侦察、破城之用。帆车则借助风力前进。铁甲车用铁叶密接悬置,防护严密,是防御性四轮战车。架火战车则是进攻性战车,由独轮车改装而成,车上载有火箭,前置绵帘,前进时可放下防挡铅弹,车两侧设置6筒火箭,共计160支,火铳2支,长枪2支,车由二人操作,深入敌军,威力很大。磨车设有石磨,行10里磨10斛,由此可知上面装有强度很大的齿轮系统。此外,还有飞楼撞车、登城车、阶道车、火车。装有20个轮子的是巨型攻城车。流传最广、使用长久的车,则是马车和牛车,统称为大车。

汉代的所谓大车,包含两个系统的车制:一类是民间的载任车辆,另一类是统治者礼制用车。虽然名称相同,而用途相差甚远。一般情况贵族多用马车,车上驾马两匹,有时四匹。四川成都羊子山汉墓出土的陶马车,是一辆辇车模型,车厢用卷栅顶,有双辕,牛、马均可套用,从汉代到南北朝时一直沿用此车。在汉代车制序列中,它的等级较低,王室、贵族和高级官吏均不使用它。王室用车则华贵至极,例如汉代王莽"造华盖九重,高八丈一尺,金瑵羽葆,载以祕机四轮车,驾六马,力士三百人黄衣帻,……莽出,令在前。百官窃言'此似软车,非仙物也'"。这种车称为软车,专用于送丧。

在汉代,一匹马价值百金,十分昂贵。饲养一匹马粮草所花费的钱,相当于一个六口之家的费用,一般农家是用不起的。战乱之际,甚至帝王将相也都乘用牛车。《后汉书·董卓列传》上说:"百官饥饿,河内太守张杨,使数千人负米贡饷。帝乃御牛车,因都安邑。河东太守王邑奉献绵帛。"这段文字记述了汉献帝在丧乱中乘牛车的狼狈相。牛车不仅是中小地主、下层官僚的乘车,也是一般平民、自耕农的常用车。《考工记》中提到的"车人",一般都是制造大车的。造车业分为官办、民办。民办的"车人"大都来自耕牛的所有者,说明"车人"是出自制造农具的"百工"。牛车的形制是多种多样的,但他们都有一个共同特点,那就是经济实惠,坚固实用。因此,自殷商以来直至现代边远山区,劳动人民一直使用它们作为交通工具。考古学家曾在20世纪50年代对我国民间大车进行了调查,与近年来发掘的商、西周、春秋战国以来的古车遗迹进行过比较,发现它们与大车上的许多重要部件如辐、辋、轮径、车厢结构,都很接近。这说明牛车的生命力有多么强,也说明古代的"车人"们多么有智巧!

秦始皇陵的铜车马

1980年冬,我国考古工作者在秦始皇陵封土西侧发掘出土了两乘大型彩绘铜车马,这是迄今为止我国所发现的年代最久、形体最大、结构最复杂的铜车马。经过修复后,车马的形制结构完整、系驾鞍挽具齐全,御官佩剑执辔,栩栩如生。车马上有大量金银构件,饰物富丽,彩绘典雅,是一件极为珍贵的瑰丽国宝,为研究古代车制提供了难得的实物资料。

铜车马坑位于秦始皇陵封土西侧20米处,是一个大陪葬坑的组成部分。铜车马埋在陪葬坑过洞的木椁里,木椁东西长6.8米、宽2米、高2米,内置前后两乘铜车马。两车均系单辕，都是一车四马和一个驭手，前车为伞盖，驭手为立姿，后车为篷盖，驭手为跪坐姿，尺寸为真车的1/2，是为明器。所谓明器，就是将死者生前某些用品制成模型放入墓葬里。这件模型制作精细，一丝不苟。车的门、窗可以灵活启闭，舆与轴之间的伏兔、辕与轴之间的当兔结构明确；系驾用的马具铸造得也很有真实感。按比例放大一倍，应当反映出秦代真马车的大小。据考古学家推算，秦车轮径为秦尺4尺2寸，车宽与衡长均接近6尺，辕长1丈8尺，轴长1丈，轨宽7尺2寸。这些尺寸都符合秦的典章制度。铜车马的构件是用铸接、焊接而成，小型构件则用穿钉连接起来。铜马、铜俑细部纹饰，如俑的眉毛、胡须都是錾刻而成，马立鬃上的毛孔是用空心冲凿成的。整个铜车马的制造工艺水平都已经达到相当的高度。

这件乘车分前后两室，前室是驭手驾驭的地方，后室是主人乘坐处，中间有间隔，表明车主的地位是很高的。在二号车上的一条辔绳末端有刻文"安车第一"的字样，由此可知这是一件"安车"，它是皇帝乘舆金根车的副车。《后汉书·舆服志》里记述了帝王、贵族的乘车制度："乘舆、金根、安车、立车，轮皆朱班重牙，贰毂两辖，金薄缪龙，为舆倚较，文虎伏轼，龙首衔轭，左右吉阳筩，鸾雀立衡，虡文画辀，羽盖华蚤，……象镳镂（锡），金（鍐）方釳，插翟尾，朱兼樊缨，赤罽易茸，金就十有二，左纛以牦牛尾为之，在左骖马轭上，大如斗，是为德车。五时车、安、立亦皆如之。"从这件铜车马来看，和文献记载的十分相近。

这件马车是秦统一后，聚集全国最优秀的工匠制造的。铜马车埋葬于秦始皇去世的第二年，由此可以评估那个时代的工艺制作水平。

独木舟和木船的起源

过去，国外的学术界认为，中国古代根本没有或极少有独木舟，中国古代的木船是从竹、木筏直接演变来的，与独木舟毫无关系。近四十年，在我国沿海和内地七个省份陆续发现了三十余艘古代独木舟遗存；黑龙江流域的少数民族，如鄂伦春、鄂温克、达斡尔、赫哲等民族，则在近代还用独木舟捕鱼或作为交通工具。《易·系辞》中曾提到，"伏羲氏刳木为舟，剡木为楫"。这虽然是一种传说，但从中可以反映出，古人曾把独木舟当作最古老的船。

从考古资料上来看，外国学者的论点也站不住脚。1958年出土的一件新石器时代的船形陶壶，壶呈弧形，首尾呈尖，两侧绘有渔网花纹。经考古学家鉴定，这是模仿当时人们渔猎用的独木舟的模制品。1973年在湖北也出土过一件类似的作品，经专家复原，像是一件方艏方艉平底式独木舟的模制品。该遗址经碳14测定，年代距今5775±120年。1973年，在浙江余姚县河姆渡新石器时代遗址中发现了6支木桨。桨由一块木料刮制成形，其造型与现代船桨基本相同，桨叶残长63厘米，宽12.2厘米。与此同时，还发现了一件中间刳空了的木构件，一头残损，另一头为圆形，直径为0.6米，考古学家认为这可能是一件废弃的独木舟。此外还发现了一件舟形陶器，与宝鸡出土的器形相似。由此可知，早在新石器时代我国就有了独木舟。

中国古代的独木舟，上边大多装有横梁；而传统的中国木船特别是平底沙船，在横梁下面装插木板，而成为横向隔舱壁，两者之间有着内在联系。由此可以推测，中国早期的木船，应是由独木舟发展起来的，和木筏没有直接的联系。

水密舱壁

中国传统木船分为两大类，一类是首尾呈方形，平底，适合在内河和近海航行，称为沙船；另一类首尾呈尖形，船身设有龙骨，尖底，适合在远洋航行，称为福船。无论是沙船还是福船，在风大浪高的江河湖海中行驶都有遇险的可能。为了增加船舶的抗沉性，我国古代工匠设计成水密舱壁。

船体在吃水线下的部分最易被暗礁撞毁，致使船身倾覆。为了加固船体，便在船壁竖起框架式的结构，增加船体的横向和纵向强度。后来，逐渐发展到用和船壁一样厚的木板，将框架式结构封死、钉严，间隙用麻皮油灰捻紧压实。这样，船体就形成了一层层大小相等的分隔舱室。一旦某部位触礁进水，就将进水限制在破损的舱室内，其他舱室安然无恙，使整个船体保持一定的浮力。水密舱壁的设计始于隋唐，到了宋代已经应用非常广泛了。有了这种设计，不仅可以增加船身抗沉性，而且船体可以向大型化发展。宋元以后我国航海事业得以迅速发展，和这种科学的设计是分不开的。

1291年，意大利旅行家马可·波罗离开中国返回故乡威尼斯，把他所见到的水密舱壁详细地记录在他的游记里，并将捻缝的油灰制法当作一条秘方记录在案："用生石灰和切细的大麻混合起来捣烂，再加入从一种树上取下的油脂，制成软性油灰。这种油灰保持的黏性比沥青更牢固更好。"

欧洲各国在18世纪末制造铁船时，才从中国学去了水密分舱的结构。现在行驶在各大洋的数十万吨油轮以及潜入深海的核潜艇，虽然都是采用现代化的金属材料，并安装了电子装置，但内部结构的基本格局依然运用的是水密舱壁的原理。为此，人们常叹服中国古代工匠的智慧和技艺。

中国的沙船

我国航海木帆船的船型有上千种，其中沙船、鸟船、广船、福船被称为四大船型。沙船历史悠久，使用广泛，载重量大，又被推为四大船型之首。

我国海岸线很长，但是从长江口往北至黄河口，海上通道多有沙滩拦阻，致使许多船因此搁浅。为了克服这一地理上的障碍，古代劳动人民便在船型上下了许多功夫，制成了沙船。沙船的特点是平底、多桅、方头、方艄。沙船大部分露出甲板，上层建筑很少，吃水浅，轻捷快航，可以逆风行船。遇到沙滩后，可以安稳地平坐在滩上，待潮涨时行出沙滩。由于船宽且方，又设有披水板、梗水木、太平篮，所以稳定性最好。多桅多篷，利于使风，快航性好。

沙船始于隋唐，盛于宋元明清，一直到清中叶有了轮船之后沙船才渐渐地少起来。明成祖永乐三年至宣宗宣德八年

（1405—1433年），三保太监郑和统率船队七次下西洋，所用的船大部分为沙船。明代的《兵录》记录了当时沙船的特点，并指出沙船在所有的船型中是最稳、最安全的。明代的船面梁厚重，船底多用杉木，1尺5钉，非常牢固；缝隙多用油麻灰捻缝，然后抹油。造一艘中型沙船（长17米、宽4米、深1米）用工800至900个。这种沙船可在7级风中行驶，纵摇、横摇振幅不大。由于艏艉都是方型，增加了抗纵摇的功能。明代沙船有2桅2篷，5桅5篷，可逆风行船，使"斗风如顺风，视巨浪如无浪"。逆风时，船走"之"字形路线，并调节两翼的腰舵。有风用帆，无风用橹。明沙船用大橹6支，各长36尺；头橹2支，各长30尺，用椆木制成。

宋代的沙船多为中小型。到了元代，为了北上运粮，发展到1200吨位左右的大沙船了。沙船不仅用于漕运、贸易和交通工具，还用于军事。《筹海图编》记，明代有5桅大船，在长江中行驶，一日千里，成为江防、海防的重要工具。有的沙船配备轮桨，改成车船。明中叶抗倭战斗中，沙船起了很大作用。那时的日本船在构造和航行性能上都不如中国的沙船，特别是其悬帆技术只能顺风行，不能逆风驶。与同期荷兰、英国相比，中国的沙船吨位大，造价却低廉得多。

郑和宝船的尺寸

15世纪初,郑和七次下西洋,每次出动100多艘到200多艘船,其中宝船40多艘到60多艘,共载2.7万多人。据《明史·郑和传》和《郑和家谱》记载,最大的宝船长44丈,宽18丈。目击者形容宝船"体势巍然,巨无与敌,篷帆锚舵,非二三百人莫能举动"。但是细想起来,宝船在水上阻力很大,又如何行驰呢?

1957年,南京市文管会在下关三汊河附近的塘里发现一根巨木,长11米,直径40厘米,一头有凿长方孔的痕迹,像是一个大船的舵杆。据当地群众反映,"历代老辈相传,该地原系明朝宝船故址"。根据文献记载和地理考核,该地确为宝船遗址。这一巨木确认为宝船舵杆。此木为褐色,有蔗渣纹,系"铁楂木"。从舵杆长度可以推算舵叶面积为361方尺;通过舵叶面积可以推算出船长为393尺至455尺。由此证明,宝船总长为44丈为可信。至于宽度,有的学者认为,文献上的"阔十八丈""广十八丈"颇疑记载有讹舛之处,与"阔于八丈"或"广于八丈"颇相符合,并由此推算出宝船排水量为7833吨。也有的学者认为,宽18丈为可信。

有的古文献明确记载"阔拾捌丈",数字记载无疑。郑和七次下西洋,都是利用季风来去。巨大的风帆,可以克服因宽度过大而带来的阻力;船体宽大,可以克服印度洋上汹涌的波浪。如果按宽 18 丈来计算,宝船的排水量接近 2.5 万吨。

有关宝船的宽度,还可以在文献上进一步研究。重要的是进行模拟实验,由此得出的数据更为可信。

双层板底船

船底的双层板设计,是中国工匠在造船技术史上又一项创新。

无论是在内河行驶,还是在远洋航行,触礁是危及人们性命的首害。船无论大小,一旦船底开裂,即使是最好的木匠也很难迅速排除故障,修补漏船。宋代以前,大部分船底都是单层板,板层虽然很厚(一般有 7 寸),船钉却不超过 1 尺,造成接缝处强度不足。惊涛骇浪的冲击和摇撼造成钉豁板裂,船必沉无疑。如果加大船钉,船板的钉孔相应加大,这就相应削弱了板材本身的强度。特别是在船的接头、接缝、断面等位置上,单层板很容易断裂。为了解决这一难题,我国的工匠便采用了二重板船底的结构。

二重板底不仅仅是用两块板简单地钉在一起构成船底，而是各层板材的接缝相互错开，不位于一个断面上，这样就可以使互相接缝的板材强度加大，并提高了船体的水密性。在接缝处和穿钉陷凹处填充舱料，非常坚固。在出土的古船中，这种结构虽经数百年侵蚀，依然粘固如故，给人们留下了深刻印象。1974年在福建省泉州市后渚湾发掘清理出一艘宋代海船，其船底就是这种多重板结构。船板用柳杉制成，船板连接方法有搭结式和平结式。搭结式像鱼鳞状，平接则使用榫卯。明代使臣去琉球王国时，写过一部叫作《操舟记》的书，记述了双层底船的构造："旧为一层板，厚七寸，故钉不入；后易作二层，每层厚三寸五分，钉舱为密。意下层或致损漏，犹可恃内一层也。"双层板底的优点是，万一触礁后船底外一层破损时，里面尚有一层起缓冲作用，提高了船体的抗沉性。

双层板船体与水密舱壁是我国造船工匠的杰出发明。古代的双层板底结构，可以看作是现代钢质海船双层底设计思想的萌芽。现在，世界各国在船舶设计上均采用了双层船底结构，这不能不令人赞叹中国古代匠师们的构思是多么巧妙！

指南针用于航海

有了指南针,郑和七次下西洋时才不会迷失方向,到达西非。西方的航海家也是在船中配备了指南针,才有可能发现北美大陆。因此,指南针在航海史上的出现是一件划时代的大事。

早期的指南针在中国史书上被称作"司南"。它是一件用磁石琢磨成的勺型磁体,放置在铜质地盘上,拨动后它的勺把慢慢旋转,最后勺把指向南方。这种定向工具在海上使用颇不方便,到了宋代便出现了罗盘。

指南针中的罗盘,是沿袭汉代的地盘。地盘自秦汉以来,在地理分向中逐渐形成了由八干(甲乙丙丁庚辛壬癸)、十二支(子丑寅卯辰巳午未申酉戌亥)、四卦(乾、坤、巽、艮)组成二十四向定位法。这是在盖天说、阴阳五行说影响下的产物。汉晋以来,阴阳堪舆、相宅、相墓的迷信活动和地理学上的分向定基,基本上都是以此为准。古代从"盖天说"天圆地方出发,以地盘为方形;而在航海实践中,方形地盘不切实用,而将二十四向位书写成环形,盘体也随之改为圆形,这就是宋元以来航海木帆船使用二十四向位罗盘的来源。

在航海中使用罗盘的早期记录见于南宋咸淳年间（1265—1274年）吴自牧的《梦粱录》。书中说："风雨冥晦时，惟凭针盘而行，乃火长掌之，毫厘不敢差误，盖一舟人命所系也。"比《梦粱录》稍早一点的《诸蕃志》中讲："舟舶来往，惟以指南针为则。昼夜守视惟谨，毫厘之差，生死系矣。"两书都说航行中对针盘或指南针有专人守视，不差毫厘，这说明在12世纪罗盘在中国已用于航海。早期的指南针是用缝衣针磁化后，穿过灯心草，浮在水盘里，称为水罗盘。水罗盘传到欧洲去，欧洲人采用铁顶针支撑磁化的针，可以自由转动，称之为旱针。旱针更适合于航海，成为我国明清时的水上导航工具。

自南宋以来，海船使用指南针导航，航线由许多针位点连接起来，这就是"针路"；将针位方向记录下来，作为航行的依据，这就是"罗经针簿"。《大元海运记》里说："万里海洋，渺无涯际，阴晴风雨，出于不测，惟凭针路定向行船，仰观天象以卜明晦。故船主高价召募惯熟艄公，使司其事。"有了针簿，就可以记录暗礁、浅滩、沙洲各种危险物，避免发生海难事故，以便在正确的航道上行驶。著名的《郑和航海图》便是从针路测试后绘制而成。

19世纪中叶装甲战舰出现以后，船炮的震动和舰身磁场的干扰使得一般的指南针失去了作用。经过不断改造和试验，人们又研制出一种新型磁罗经及防磁设备，即近代各国通用的液体磁罗经。这种磁罗经密封在充满液体（如石油防冻液、酒精）的装置里，把旱针和水针的技术结合起来，隔绝了外部震动对磁针的干扰。这种新型设计从历史的角度来看，体现了中、西科学技术交流的结果。

奇　器

奇技与淫巧

凡器具之利用机械构造或自然力以代替人力所不能为的工作，而其道理又非一般人所理解的事物，中国古代大抵称"奇器"。制作"奇器"的技术，称为"奇技"。巧是指智巧，一般包括技术或技艺。"淫"有多余的、过分的、失当的意思。淫雨是指太多的雨，淫威是指滥施的权威，淫巧是指多余的、过分的技巧。其实，智巧哪有多余的呢？然而在封建社会里，"奇技淫巧"是注定不会受到人们的尊敬和重视的，"艺成而下"，儒士所轻；"奇技淫巧"，"圣王"所禁。

元亡后，司天监进献元代水晶宫刻漏，做工极为精巧，报时时里面有两个木人按时敲击。明太祖对侍臣说："废万机之务而用心于此，所谓作无益害有益也。使移此心以治天下,岂至亡灭?"便令左右将之打碎。乾隆时,英使马戛尔尼来华谋求平等通商,为了进一步博得乾隆皇帝的好感,带来一批新式武器请皇帝过目。接待英使的官员却说:"看亦可,不看亦可。这火器操法,谅来没有什么稀罕。"新式武器在朝臣眼里看来微不足道,不能同传统的道德观念、纲常名教、列祖列宗的家法、尧舜禹汤文武周公之道同日而语。然而,人类的好奇心理,创造的冲动,终不能因此而被湮抑。

自秦汉以来,中国新异的发明及发现不绝于史,其间也有少数的创造在世界发明史上占有重要的地位。战国时期的司南,是中国早期的指南针;阳燧则采取了凸透镜聚光取火的原理;欹器则是应用了重心与平衡原理的器物;三国时期的指南车被认为是"一切控制论和机械的祖先";墨子所制的木鸢,"飞一日而败",巧妙地运用空气动力学原理进行滑翔;晋代记里鼓车,是现代汽车计程器的祖型;《抱朴子》所记述的飞车,则是利用空气反作用力升托重物的最早历史记载;诸葛亮所制连弩,非常机巧,而所制木牛流马,"载一岁粮,日行二十里,而人不大劳",可惜记述过简,不可索解。晋代有指南舟,其制也不可考。南北朝时期的祖冲之不仅是一位数学家、天文学家,而且还是一位机械工程师。他仿照木牛流马制成一器，"不因风水，施机自运，不劳人力"；又造千里船，放在新亭江上试验，"日行百余里"。稍后的耿询是一个奴隶，然而技巧绝人。他制造的浑天仪，可"不假人力，以水转之，施于暗室中，使智宝外候天时，合如符契"；又制作一种便携式计时器，名曰"马上刻漏"，世称其妙。元明时，有詹希元、周述学制作沙漏计时，解决了水漏至严冬时节结冰不能计时的问题。明末清初，西方的科学技术不断由传教士介绍到中国来，有些不好功名利禄的知识分子竟能诵其书，明其理，精其制。清初黄履庄便是其中之一，他发明的奇器竟有27种之多。又过百余年，道光年间的郑复光著《镜镜诊痴》五卷，将西方及我国旧有光学组织成统一体系，成为我国近代最著名的光学著作。书末附《火轮船机具图说》，是我国第一部蒸汽机图说，距英国人倍尔所制的蒸汽机汽船仅25年。

下面举例说明历代奇器的基本特征。

古代的欹器

"欹"，是倾斜的意思，"欹器"，是指自由状态下放置时呈倾斜状态的器皿。这种器皿因孔子赋予它某种规劝的道

德规范而显得意义重大,致使历代复制不绝。荀况在《荀子·宥坐篇》里,记述了有关欹器的故事:

"孔子观于鲁桓公之庙,有欹器焉。孔子问于守庙者曰:'此为何器?'守庙者曰:'此盖为宥坐之器。'孔子曰:'吾闻宥坐之器者,虚则欹,中则正,满则覆。'孔子顾谓弟子曰:'注水焉!'弟子挹水而注之。中而正,满而覆,虚而欹。孔子喟然而叹曰:'吁!恶有满而不覆者哉!'子路曰:'敢问持满有道乎?'孔子曰:'聪明圣知,守之以愚;功被天下,守之以让;勇力抚世,守之以怯;富有四海,守之以谦。此所谓挹而损之之道也。'"

由此可知,欹器是一种专门为了劝诫国君而制成的、寓意"谦受益,满招损",作为座右自箴的器具。上面所引的那段话是说,孔子的学生子路问他君主如何才能长治久安,孔子回答:聪明有才智的人,要保持愚笨的样子;功满天下的人,要保持谦让的样子;盖世勇夫要保持怯懦的样子;天下最富有的人,要保持谦逊的样子。这就是所谓一再谦让的办法。这个故事的真实性如何,不必考证。自汉代以来,人们不断制造欹器却是事实。杜预、祖冲之、耿询都成功地复制了周庙欹器。唐宋以后,制造欹器的风气,依然不衰。

欹器是什么样子呢?它的基本特点是,利用注水量的多少来改变器物本身的重心，表现倾斜、平正、倒转。根据多年考古的大量出土文物，不难在古代陶器和铜器中找到这种实物器形。例如，作为具备双耳可以提挈的容器或量器，只要是器上的双耳装置稍微低于容器的重心，如小口尖底汲水的双耳陶瓶、小口大腹双耳彩陶罐，都能起到同样的作用。距今六七千年的半坡遗址中，就出现过这种提水罐。

有趣的是，人们将欹器与漏壶联系在一起，形成一种新式计时器，即称水漏壶。据《隋书·天文志》记："大业（605—618年）初，耿询造古欹器，以漏水注之，献于炀帝。帝善之，因令与宇文恺依后魏道士李兰所修道家上法称漏制，造称水漏器，以充行从。"这是用欹器来控制漏壶水位高度，得到比较恒定的壶漏流量，不失为一种好办法。它为以后的秤水式漏壶提供了启示。

从新石器时代的仰韶文化一直到宋元时期，我们可以看到，古人对于重心与平衡原理一直给予执着的、认真的探讨。

连发弩机

弩机，是人类最早使用的机械工具之一。远在上古时代，人们便发明了弓箭。弓箭的使用，使人们的杀射力大为增强，从而使人类获取猎物的效率得到提高。但弓箭有一个缺点，它不能把握最有利的时机来发射。为了解决这一问题，到了春秋时期人们发明了弩机。弩机的使用方法是，先把弓弦拉开，将弦扣在弩机上，发射时搬动"悬刀"（即扳机），把箭射出去。弩机上设有"望山"（即标尺），上边刻有度数，用来校正投射的目标。弩机的出现，标志着我国兵器制造达到了一个新的水平。

弩机受到军事家们的高度重视。据史书记载，诸葛亮曾经对弩机进行过改造，使单机连发，又称连弩。机械制造家马钧看过这种连弩，说："巧则巧矣，未尽善也。"在诸葛亮的研究基础上，马钧又使弩机的功效提高了5倍。可是真正的连弩人们从来没有发现过。1986年，考古工作者在湖北江陵县一个楚墓里发现一件双矢并射连发弩，为研究古代远射武器提供了新的研究资料。

这件连发弩包括弩、短木弓和短矢三部分，出土时放在竹笥内保存。弩通长27.8厘米，通高17.2厘米，宽5.4厘米，髹黑漆。整体可分矢匣、机体两部分，机体又包括木臂、活动木臂、铜机件。这件弩机同以往出土的弩机全然不同。这是一件双矢并射的连发弩，在木臂机体上有矢匣，木臂上平面有双矢发射面、发射管孔以及弦活动槽,这样可以集中进矢、贮矢,矢自动落槽、自动进入发射管孔并控制运行方向。将矢装满矢匣,可以连续发射10次,两个并列的发射孔可以同时发射。据试验,射程在20—30米。这种双矢并射连发弩,长度不足30厘米,轻巧灵便。木臂前端底部装有虎尾形手柄,便于手握发射。

这种随身携带的手握式近战护身武器出现在春秋战国时期的楚国,反映了楚国的科技水平之高。设计者巧妙地运用了物体(矢)的滚动和重力下落的原理,解决了自动进矢、自动落槽的问题。活动木臂的设计,运用了运动力学、杠杆原理,使弩发射的全部程序(钩弦、拉弦、发射)统一于活动木臂的前后运动过程之中。由此可以看出楚人的巧智。

西汉透光镜

在没有发明玻璃镜之前,人们是使用铜镜照人的。我国从商周起就有了铜镜,不过那时只有王室、贵族才配使用。到了战国时期,铜镜的使用已经很普遍了。秦汉时,铜镜的种类、款式非常之繁,做工也细腻多了。

铸造铜镜的铜料比其他青铜制品要精炼得多。铸成以后，还需要粗磨、细磨、开光、抛光多道工序，才能达到光可鉴人的效果。自西汉时，人们在打磨镜面时发现了一种奇怪的光学效应，即光束投射到镜面时，所反射的映像可以比较清晰地显示出镜背面的纹饰。当时，人们不清楚这是什么道理，所以把它称为"魔镜"。"魔镜"引起了人们的重视，许多科学家都悉心研究它的奥秘。宋代学者沈括对这一现象进行了深入的分析，并把它记在《梦溪笔谈》里：

"世有透光鉴，鉴背有铭文，凡二十字，字极古，莫能读。以鉴承日光，则背文及二十字，皆透在屋壁上，了了分明。人有原其理，以为铸时薄处先冷，唯背文上差厚后冷而铜缩多。文虽在背，而鉴面隐然有迹，所以于光中现。予观之，理诚如是。然予家有三鉴，又见他家所藏，皆是一样，文画铭字无纤异者，形制甚古。唯此鉴光透，其他鉴虽至薄者，皆莫能透。意古人别自有术。"

沈括的意思是说，有人解释透光镜的原理是镜子背后花纹有薄有厚，冷却时冷却速度不同，结果致使镜面"隐然有迹"，反射到墙壁上就有明暗的不同。但他还不能解释为什么有的透光，有的不透光，只好说"古人别自有术"。这件事成为千古之谜，一直令许多学者广泛注意。

1975年，复旦大学、上海博物馆、上海交通大学采用激光全息干涉等现代技术，对上海博物馆所藏几面透光镜做了研究，确认"透光现象"是由镜面曲率的微小差异导致反射光聚散程度不一而形成的。透光镜的产生，最初是在制造和使用中无意发现的。镜面铸成后需要抛光，使用时也要经常研磨。如果镜体很薄而周边又有较宽厚的边时，当研磨到一定厚度（0.5毫米左右）使镜面产生与镜背花纹相应的曲率，就会出现"透光现象"。复旦大学采用淬火后热处理方法，上海交通大学采取研磨抛光法，都出现了"透光现象"。这对研究古代劳动人民的创造才能和智慧有着积极的意义。

《抱朴子》中的飞车

木鸢和飞车，都是古代的飞行器。

木鸢是一种竹木制的鸟，通过某种方式将它发射到天空，可以利用它的展翼滑翔很长的时间。据《墨子·鲁问》记载，战国的巧匠鲁班曾经制造过，"公输子削竹木为鹊，成而飞之，三日不下。公输子自以为至巧"。《韩非子》记载墨翟造木鸢："墨子为木鸢，三年而成，蜚一日而败。弟子曰：'先生之巧，至能使木鸢飞。'"这里所说的飞行三日都有夸大之嫌，但利用木制鸟翼在天空长时间的飞翔却是事实。

在葛洪《抱朴子》内篇卷之十五《杂应》中,有段重要文字是今日螺旋桨飞机和直升机发明以前,中国有关利用空气反作用力升托重物的最早的历史记载。原文是:"……或用枣心木为飞车,以牛革结环剑以引其机。"

这里所说的"牛革结环",是指利用牛的皮革所制的绳带结为环,并用"剑"来引发飞车的机关。所谓"机",是指一种轴状机牙的结构,也就是汉代考古中经常见到的井圈明器模型架上安装的"辘轳",并有"机齿"和飞车毂上的槽孔相接。这个辘轳立装在木柄上,中有立轴,上托飞车,革带环结在辘轳上。当革带拉动辘轳时,机牙便带动飞车升起。飞车的结构,下部为一个直立的握把,把上立小轴装一辘轳,它的顶部有两个机牙和飞轮毂上的槽孔相啮合。革带环结在辘轳上,革带的两端系在剑柄和剑锋上,从左至右拉紧革带,飞车即上升。一旦惯性作用停止,竹片不转动了,它就掉落下来。据试验,飞车高飞可达 20—30 米。

《杂应》篇中主要讲的是"服食""符箓"和"精思"等多种神仙道术,认为以此能取得求长生、避灾凶、健身心的效应。为了说明他的"太清之中,其气甚刚,能胜人也"的道理,葛洪举例借用了"飞车"的直升和飞鸟的滑翔来证明他的"太真之气"的性能。因此,可以推想"飞车"很可能在晋以前就出现了。

与"飞车"相近的是"风车"。在辽墓石刻上已有描绘，近世厂甸（琉璃厂）也有这种儿童玩具。有的飞车是用竹片制作的，因而又称"竹蜻蜓"。竹蜻蜓传到欧洲去，被称作"中国陀螺"，引起了欧洲早期航空试验家的重视。他们利用弓钻发射改造过的"中国陀螺"上升到空中。因此，中国的竹蜻蜓是直升旋翼和飞机螺旋桨的始祖。

指南车与记里鼓车

指南车是利用齿轮传动的原理以保持原定方向，所以又叫定向车。传说在远古时黄帝发明了指南车，又有一说是周公所制，这些说法都没有多少根据。从东汉张衡起，三国时期的马钧，后赵的魏猛、解飞，后秦的令狐生，后魏的郭善明、马岳，刘宋的祖冲之、索驭骥，唐代的杨务廉、金公立，宋代的燕肃、吴德仁先后都制造过指南车。这些人有的造成功了，有的失败了。从历史记载分析，成功者以三国时期的马钧为最早。

指南车是双轮独辕车，车上立一个木人伸臂南指，此后不管车向左或右转弯，由于齿轮系的作用，木人手臂始终指向南方。传动系统有5个齿轮,即:分别附于左右车轮的两个立轮,各有24齿;靠近车厢板、又可上下平移的两个小平轮,各有12齿;车身正中的大平轮,有48齿。大平轮上有一立轴,上有指路木人。指南车直行时,小平轮悬起,不与立轮、大平轮接触,因此大平轮上的立轴不转,所指方向不变。

指南车转弯时,一轮原地不动,另一车轮行进。车辕前端扭向一方,后端扭向相反一方,同位置的小平轮下落与立轮、大平轮啮合。车轮的传动通过立轮、小平轮带动大平轮运转。由于各齿轮齿数不同,互为调节,恰好抵消车辆左右转弯的影响,所以木人所指的方向始终不变。

指南车是皇帝出行仪仗的组成部分。

记里鼓车,又名大章车。它的用处在于自报驱行里数。车中装置机械,每行一里,车上木人击鼓一槌。晋以后,为天子卤簿仪仗所用,与指南车相雁行。唐宋以后,又增木人十里击镯之事,较古法为繁。至元朝此车已不见于仪仗,明清以来就没有人再研制过。此后,其制法逐渐失传。

记里鼓车车轮半径3尺,齿轮系统由4个齿轮组成:与车轮同步的附足立轮,18齿;位于车厢一侧的中平轮,54齿;与中平轮同轴的小平轮,3齿;车厢正中的大平轮,100

齿。又有木梭子2枚，通过绳索控制两个木人。木人手执鼓槌，到一定里数则击鼓一次。车轮直径6尺，转一周车行18尺；车轮转100周，车行180丈，正好是一里。此时中平轮只转一周。中平轮的轴上装有木梭子，拨动木人手臂，木人击鼓一次。统计击鼓次数，也就是已走过的总里数。如果加上一个10齿的小平轮和一个100齿的大平轮，车行10里时，上平轮才转一周，梭子连动木人手臂，使十里木人击镯一次。

记里鼓车是利用齿轮系的减速与传动作用来计算里程的，其基本原理与现代车辆的计程器相同。

指南车与记里鼓车先后在汉魏时已被人们陆续研制出来，可惜没有文字记录，后人不知究竟。多亏燕肃的制法记录在史书里，使现代的人们可以依据文献来进行复制工作。燕肃，字穆之，出生在宋代山东益都县，幼年父亲早逝，家境发生了急剧变化。但是燕肃自强不息，以极顽强的精神刻苦读书，终于考取了进士，成为地方名吏。宰相寇准十分欣赏燕肃的人品和才智，屡任其政府要职，最后做到礼部侍郎。在职期间，他发挥了自己在机械制造方面的才能，先后制造了"欹器""莲花刻漏"和指南车。正是由于指南车与记里鼓车的制造方法和数据记录在《宋史·舆服志》里，我们才有可能了解它们的运行机制。

巧人耿询

耿询是隋初有名的机械师,他一生命运坎坷,生不逢时,有两次几乎丧命,多亏他身怀绝技,得以奴隶身份保存了性命。

耿询,字敦信,丹阳(今江苏省西南部)人,为人滑稽善辩,技巧绝人。隋朝初年,他以客人身份随陈后主下属王勇到岭南,后来参加了反隋的起义,被隋朝的荆州总管王世积生擒,判了死刑。求生的欲望促使他说出自己的特长,王世积怜而不杀,罚作家奴。没过多久,他的朋友高智宝主持太史局工作,耿询乘机表现了他在机械制造技术方面的才能,制造一台水运浑天仪,放置在暗室内。高智宝在室外观测天象时与在室内完全吻合。王世积因而大为惊奇,急忙将实际情况向朝廷作了汇报。隋文帝下令将耿询改为官奴,令其在太史局工作。后来,他被赐给蜀王杨秀。杨秀很器重他的才能,常常委以重任。不久,杨秀谋反案发,株连耿询,耿询又获杀头之罪。懂得科学技术的大官何稠急忙向隋文帝求情,说:"耿询之巧,思若有神,臣诚为朝廷惜之。"于是他又得到了特赦。

耿询获释之后，做了两件器物。一件是周庙欹器。炀帝即位之后，看到此物非常高兴，立即变其奴隶身份为平民。另一件叫马上刻漏。这是一种袖珍计时器，行军作战时用它来计时十分方便。众人看到这种精巧的漏壶，无不称其巧妙。然而，这种新款式的漏壶究竟是什么样子并没有翔实的记载。我们根据汉代单漏推测，它的容积与现在的茶杯相同，中间有横隔断开，分成上、下两室。上室的水渐渐滴漏到下室，然后倒置，重新滴漏，这样往返使用，可以连续计量较长的时间。马上刻漏的壶中有的充水，有的充水银。总之，耿询创造了一件新式计时器，受到当时人们的称颂。

到了大业七年（611年），隋炀帝征伐辽东，耿询上书谏阻，炀帝震怒，立命斩首，又幸何稠苦谏，耿询又免于一死。隋末，大将宇文化及杀死隋炀帝，耿询被迫留用于宇文部下。但是耿询很有政治远见，知道宇文氏必败无疑，拟西投李渊。不久事漏，被宇文氏发现，耿询终于被杀。一代巧匠，死于非命。

发明家黄履庄

在封建社会里，封建史家是不愿给制作"奇器"的人树碑立传的，我们只好在笔记、野史中发现有关一些发明家的线索。清初的发明家黄履庄便是一例。黄履庄是清顺治十三年（1656年）生人，卒年不详。他的表兄江都人戴榕善写文章，为黄履庄作了传记。当时黄履庄28岁，而传记也只好终于此年，以后的事迹均不详。传记后面附录《奇器目略》，可见一斑。

戴榕的传记是这样写的：

"黄子履庄，予姑表行也。少聪颖，读书不数过，即能背诵。尤喜出新意，作诸技巧。七八岁时，尝背塾师，暗窃匠氏刀锥，凿木人长寸许，置案上能自行走，手足皆自动。观者异以为神。十岁外，先姑父弃世，来广陵与予同居。因闻泰西几何比例、轮捩机轴之学，其巧因以益进。尝作小物自怡，见者多竞出重价求购。体素病，不耐人事；恶剧嬲，因竟不作，于是所制始不可多得。

"所制亦多，予不能悉记。犹记其作双轮小车一辆，长三尺余，可坐一人。不烦推挽，能自行。行住，以手挽轴旁曲拐，则复行如初。随住随挽，日足行八十里。作木狗置门侧，卷卧如常，惟人入户，触机则立吠不止。吠之声与真无异，虽黠者不能辨也。作木鸟，置竹笼中，能自跳舞飞鸣；鸣如画眉，凄越可听。作水器，以水置器中，水从下上射如线，高五六尺，移时不断。所作之奇俱如此，不能悉载。

"有怪其奇者，疑必有异书，或有异传。而予与处最久且狎，绝不见其书。叩其所从来，亦竟无师传。但曰：'予何足奇？天地人物皆奇器也。动者如天，静者如地，灵明者如人，赜者如万物，何莫非奇？然皆不能自奇，必有一至奇而不自奇者，以为之源而且为之主宰，如画之有师，土木之有匠氏也。夫是之谓至奇。'予惊其言之大……

"黄子性简默、喜思。与余处，余尝纷然谈说，而黄子则独坐静思。观其初思求入，亦戛戛似难。既而思得，则笑舞从之。如一思碍而不得，必拥衾达旦，务得而后已焉。黄子之奇，固亦由思而得之者也，而其喜思则性出也。……"

《奇器目录》原来有详细分类说明，节存于《虞初新志》中，不过仅有 27 种。这 27 种奇器中，有验冷热器、验燥湿器、瑞光镜（聚光镜之类）、显微镜（放大镜之类）、真画（皮影戏之类）、自动驱暑扇、龙尾车等。黄履庄利用水力的压力制作成所谓山鸟泉，声如山鸟；利用刻漏原理制造成报时泉；还有许多制图工具。这些杰出的发明，都是他在 28 岁之前的创造。令人遗憾的是，我们不知他所发明的细节，这是中国学术史上的巨大损失。

郑复光与《镜镜诊痴》

明末清初，西方传教士纷纷到中国传教。到中国传教并不是一件容易的事，因为中西文化的背景全然不同，这就需要传教士们不仅要学习中国文化，而且要懂得用自然科学知识来吸引中国的知识界。这一招术确实很灵，像徐光启、李天经这样的大官都如饥似渴地学习西方自然科学。这种风气还带到了清宫，康熙皇帝也积极学习起几何学。民间学者也受其影响，郑复光是其中杰出的一位。他不仅积极学习西方的物理学和光学，还将其与中国的传统光学知识结合成一体，组织成一个大系统，著成《镜镜诊痴》。这部书代表着那个时代中国科学技术的最高水平。

郑复光，字元甫，又字浣香，安徽歙县人，生于1780年，卒于1853年以后。他少年即为贡生，性情沉默，重修养而淡于仕途。郑复光博涉群书，兼通古今，广交朋友，许多学者、科学家都是他的挚友。包世臣、程恩泽、何子贞、汪莱、李锐、张敦仁，与他来往甚多。1840年鸦片战争爆发后，帝国主义的坚船利炮打开了中国的门户。当时，洋人在军舰上可以用望远镜窥探我方阵地详情，引起了中方将领的密切注意，遂使郑复光潜心研究它的原理，并按《几何原本》体例，著成《镜镜诊痴》。

此书分5卷，7万余字，有正文，有释文，分为"明原""类镜""释圆""述作"四部分，末附"火轮图说"。"明原"分成6篇，着重讲述几何光学的基本概念。"类镜"部分是介绍几种重要镜的质料与性能。"释圆"部分是全书的中心，也是郑复光用力最深、成就最大的一部分，它着重论述凸凹镜成像的总规律。"述作"部分著录了17种光学仪器，包括：照景镜、显微镜、取火镜、取景器、放字镜、三棱镜、多宝镜、透光镜、眼镜、远镜、视日镜、测日镜、测量高远镜、地灯镜、诸葛灯镜、万花筒镜、柱镜，并有原理说明、制造方法、保养使用等释文。

这部书还引用了大量的中国古典科学文献，其中包括《灵宪》《梦溪笔谈》《考工记》《畴人传》《皇朝礼器图式》《印宗》《古今秘苑》《本草纲目》《虞初新志》《崇祯历书》《远镜说》《测量全义》《灵台仪象志》《博物要览》《尔雅》等书。它说明郑复光既汲取了西方自然科学的知识，又揉进了中国传统的光学常识，其在编书体例、表述方法上均有自己的特点，表现了中国民间学者的智慧和巧思。

中国早期的望远镜

中国的望远镜是受西方直接影响试制成功的。欧洲的望远镜研制活动始于16世纪七八十年代。当时意大利、英国的眼镜工匠为了调配合适的眼镜,在无意之中发现凸透镜与凹透镜联合使用时,使远处物体变近变大。荷兰的眼镜工匠利伯休于1608年用水晶透镜首创了折射望远镜。1609年,伽利略改进了利伯休式的镜体,改装成天文望远镜,发现了月球上的环形山、金星的圆缺、木星上的卫星和太阳黑子等天文现象。有关望远镜的科学文献,随着西方传教士的布教活动带到了中国。葡萄牙传教士阳玛诺写了一部著作叫《天问略》,介绍了"巧器"望远镜。书中说:

"持此器观六十里远一尺大之物,明视之,无异在目前也。持之观月,则千倍大于常。观金星,大似月,其光亦或消或长,无异于月轮也。观土星,则其形圆似鸡卵,两侧继有两小星,其或与本星联体否,不可明测也。观木星,其四周恒有四小星,周行甚疾,或此东而彼西,或此西而彼东,或俱东俱西,但其行动与二十八宿甚异,此星必居七政之内,别一星也。观列宿之天,则其中小星更多稠密,故其体光显，相连若白练然，即今所谓天河者。"

当时西方传教士陆续将望远镜带到中国，明清之际称之为千里镜、窥筒远镜等称谓。有部分望远镜至今藏在故宫博物院。德国传教士汤若望曾携带望远镜，以黄绸封裹，进献清廷。

望远镜传到中国，受到朝野各界人士密切观注。中国官办的天文台——司天监开始研制望远镜。徐光启上疏请求"装修测候七政交食远镜三架"，不知是否制成功。不过1631年徐光启开始用望远镜观察日食，仅比伽利略晚22年。1634年，汤若望协助中国人制造望远镜陈设在宫廷，崇祯帝亲自观测、检正后，研制人员受到嘉奖。清初的望远镜也多有汤若望的协助。与此同时，民间也有制造望远镜的风气。明末苏州匠师薄玉，曾经在崇祯四年（1631年）制造几架望远镜，安放在铜炮之上，用以侦察敌军远近。其效果"望四五十里如咫尺"。这是中国将望远镜用于军事的最早的记录。没过多久，黄履庄和孙云球也都相继研制成功了望远镜。不过，他们制造的详细过程都没有留下文字记录。唯有郑复光对望远镜的制作原理、种类做了详细说明。

郑复光认为：远物经过外浅凸（物镜）得到小像，然后由内"深凸（目镜）切之，必见倒小而清，引深凸近目必渐大矣。能清能大,故具远镜之用也"。这里说的是折射望远镜。他在《镜镜詅痴》里还分析了反射望远镜的制作原理。郑复光是在清朝中后期封闭的科学环境中,以实验为基础进行光学研究的。他取得的科研成果体现了中国人的聪明才智。

结束语

中国古代科学技术的光辉成就

我们扼要地介绍了玉器、铜器、漆器、陶瓷、丝纺、古建筑、水利、天文仪器、车船和历代奇器。这些发现、发明一方面属于科学技术，另一方面则又有其鲜明的文化属性和文化特征。从科学技术史角度来看，中国有许多重大发现及发明对世界产生了重要的影响；从物质文化史角度来看，古代的中国人以自己独特的仁智和奇思异想，创造了一种与西方文明大相径庭的东方文化，极大地丰富了全人类的物质文明史。

从近300年的历史来看，中国近代科学技术无不受惠于西方。而西方早年受惠于古代中国方面，国人往往不知。英国剑桥大学李约瑟博士运用毕生精力，撰写了30卷的《中国科学技术史》，以翔实的证据雄辩地论证了古代中国人民对全世界的贡献。有人利用李约瑟博士多年研究成果，写了一部《中国：发明与发现的国度》。书中依年代顺序列举了100项科技研究和应用成果，均为世界首创。为了说明问题，简录如下：

（1）十进位制；（2）大漆；（3）米酒；（4）锄与耙；（5）铁犁；（6）大调音钟；（7）植被勘测；（8）风筝；（9）发现太阳黑子；（10）喷水鱼洗；（11）球墨铸铁；（12）活塞式风箱；（13）石油与天然气的使用；（14）零位数；（15）司南；（16）第一运动定律；（17）驾风筝飞行技术；（18）化学战、毒气、烟幕、催泪；（19）弩机；（20）马的挽具；（21）第一幅浮雕地图；（22）第一条循等高线挖掘的运河；（23）扇车；（24）多管条播机；（25）计量制地图法；（26）转动曲柄；（27）万向节；（28）制钢术；（29）造纸术；（30）血液循环记载；（31）人体生物钟；（32）内分泌学；（33）负数；（34）雪花六角形结构；（35）降落伞；（36）小型热气球；（37）调音鼓；（38）深井天然气；（39）手推车背带；（40）水力的利用；（41）独轮车；（42）高根开方和高数方程求解；（43）滑动测径器；（44）十进制分数；（45）内丹术；（46）链式水车；（47）悬索桥；（48）舵；（49）灯影戏；（50）地震仪；（51）

自燃现象;(52)先进的地质学;(53)桅与帆;(54)水密舱;(55)指南车;(56)钓鱼竿转轮;(57)马镫;(58)制瓷术;(59)生物性虫害的控制;(60)营养缺乏症;(61)圆周率精确度;(62)在几何学中应用代数;(63)罗盘;(64)音色理论;(65)制伞;(66)直升机水平旋翼和推进器雏形;(67)蒸汽机雏形;(68)透光铜镜;(69)炼钢术;(70)轮桨船;(71)太阳风;(72)火柴;(73)象棋;(74)旱地船帆;(75)拱桥;(76)烧酒;(77)糖尿病;(78)甲状腺素应用;(79)火箭及多级火箭;(80)机械钟;(81)纸牌;(82)纸币;(83)长明灯;(84)印刷术;(85)地球磁偏角;(86)火药;(87)天文星图;(88)链式运动;(89)免疫学开端;(90)荧光画;(91)运河船闸;(92)喷火装置;(93)照明弹、烟火、炸弹、地雷、水雷;(94)水下救捞技术;(95)纺车;(96)"帕斯卡"三角形;(97)残磁感应;(98)浑天仪;(99)枪、炮、迫击炮、连发炮;(100)音乐的平均律。

据李约瑟博士潜心研究,中国的许多发现及发明经波斯、阿拉伯人的介绍,于公元1世纪至18世纪之间,陆续传到欧洲和其他各地。有迹象表明,欧洲近代科学的形成是吸收了部分东方国家特别是中国的成分而形成的。特别是像印刷术、火药、指南针这样的重大技术,弗兰西斯·培根给予了充分估计，指出这三种东西改变了整个世界的面貌："第一种在文学方面，第二种在战争上面，第三种在航海上。由此又产生了无数的变化，这种变化是这样大，以致没有一个帝国，没有一个教派，没有一个赫赫有名的人物，能比这三种发明在人类的事业中产生更大的力量和影响。"

中国科学技术自身的缺陷

尽管中国古代在科技领域取得了巨大的成就，然而在中国并没有出现近代科学。1840年鸦片战争爆发，在资本主义列强入侵之后，中国沦为半殖民地。割地、赔款，签订了一系列不平等条约，丧权辱国之事接踵而来。这种局面迫使国人思考中国的传统文化有哪些缺陷。

首先，人们发现军事上的失利来自军械方面的落后，军械上的落后又来自制造业与科学上的愚钝。于是创立江南制造局，制造新式装备；设立同文馆，吸取外国科学知识。这就是所谓的"洋务运动"。后来人们发现，如果中国不像俄国、日本那样在政治制度上进行变革，中国不可能走向富强的道路，于是出现了维新变法。辛亥革命终于推翻了过时的帝制，人们思想上的紧箍咒被解除了。1919年爆发了五四运动，出现了思想大解放的局面。领导这次运动的领袖们有许多是留学生，他们依据切身体会，感到有必要对中国传统文化进行彻底的清算。回国之后，他们高举民主与科学大旗，把孔孟老庄、禅宗道观、宋明理学、乾嘉学派，连同一切典章制度、伦理名教、祖传秘方付之一炬，甚至连中国的方块字也发誓使之拉丁化。洋务运动、戊戌变法和五四运动，都直接引发了对祖国文化传统的检讨和反思。历经"文化大革命"的浩劫以后，中国的知识分子又把中国近代科学为何落后这一问题重新提出来。他们看到受惠于中国文化的日本，在战后短短40年内发展成为世界第一流的经济强国。在亚洲的汉字文化圈里，又出现了韩国、新加坡、中国香港、中国台湾"四小龙"，其高科技产品竟打入了欧美市场。不少学者把传统文化中的敬老、简朴、秩序、礼节、自勉互勉等传统美德，看作是有助于经济发展的重要因素，因而再度对近代史中反传统主义的思潮进行反思和评估。

这一问题也引起许多国外学者的关注。李约瑟博士在20世纪40年代就发现，来自科学落后的中国的留英学生，凡欧洲人能做的事，中国学生几乎都干得很漂亮。这使他下决心学习汉语，研究中国科学技术史。他发现，无论是从近300年历史来看，还是用全部中国历史的大尺度来衡量，中国科学技术在实际生活中从来没有退步,并且一直稳缓地演进。而西方在近千年的历史中没有太多建树,在经历了漫长的中世纪之后,却迎来了文艺复兴和近代科学的诞生。于是问题就巧妙地转变为:"为什么这种科学的大振兴或大革命,不在中国或印度发生,而是在西方发生?"

从直观上看,中国的科学技术只停留在经验的形态上,缺少欧洲近代科学的严密的理论体系,也没有得出普遍的科学规律和定理来。这说明它自身有着明显的缺陷,大体有如下几方面的弊病:

一、满足于实际上的应用,没有形成理论上探讨和深思的风气。对自然现象的观测入微是中国学者的一大特色。比如,人人都看到过下雪现象,而中国古代的学者却能首先发现雪花的结晶体是六角形的几何体。这是一个了不起的发现。但是,每一个角之间的关系中国学者却从不深究,更未从几何学的角度去作探讨。这和古希腊欧几里得几何学形成鲜明对照。

二、中国古代学者形成了"天人合一"的世界观,这种世界观中包含一些人与自然协调的正确思想,但是也会妨碍对自然的研究,更无益于对人事的研究。中国有对太阳黑子、彗星、陨石雨、日晕、月晕、新星、超新星的最早观察和记录，然而长期以来却把它们与人事联系在一起，纠缠不清。例如流星，本是自然现象，但《晋书·天文志中》却把它与人间诸事联系在一起考察：

"流星，天使也。自上而降曰流，自下而升曰飞。大者曰奔，奔亦流星也。星大者使大，星小者使小。声隆隆者，怒之象也。行疾者期速，行迟者期迟。大而无光者，众人之事；小而有光者，贵人之事；大而光者，其人贵且众也。乍明乍灭者，贼成贼败也。前大后小者，恐忧也；前小后大者，喜事也。蛇行者，奸事也……"

这种世界观深刻地影响着中国学者们的思路，使他们很难进一步去揭示大自然中的奥秘。

三、科学实验是建立近代科学的基础。不进行实验，便不能由表及里，发现事物内部的运动规律。实验是受控的，只要掌握受控条件，任何人都可以得出同样的预期结果。中国古代的学者缺少这方面的传统训练。一个典型的例子是王阳明"格竹子"。王阳明是影响几代人的大学问家，他的朋友坐在亭子里观察竹子生长的机理，一连坐了三昼夜，终于病倒；他继而静观七天，仍无所获，他便得出道理，认为"其格物之功只能在身心上做"。这些大思想家认为，"致知在格物，非由外铄我也，我固有之也"。研究自然事物变成了心性之学。

以上说的是中国古代科学技术自身的弱点和缺陷。影响它前进的外部因素，是中国的文化背景。外部因素的阻力，要比内部大得多。

文化背景：中央集权制与伦理治国

中国的文明发轫于大河文化。在史前文化中，就出现了一系列神话式的巨人，如燧人氏、有巢氏、神农氏、伏羲氏、轩辕氏等，但功绩最著、影响深远的要算尧、舜、禹这样的史诗般的英雄人物。他们带领族人疏通河道，平整沟洫，"身执耒锸，以为民先"，以奋不顾身的精神，同民众一起创建了一个良好的农业生产环境。在远古时，从事如此庞大的、公共的水利工程，势必要动员全社会的力量。领导者必然是一个权威人物，并且掌握着一套管理机构和运行机制。经过长期的历史演变，权威人物逐渐异化为帝王，管理机构变成各级封建官僚，运行的机制便是中央集权制。帝王与官僚阶层既是剥削者，又是社会的管理者。

中央集权制既是统治、镇压机器，又兼有保护农民免受外敌入侵、赈济自然灾害和修建、维护公共工程的职责。在皇权的庇护下，分散的农民按地域组成村社，过着农业与家庭手工业相结合的、自给自足的田园生活。这种社会框架任凭政治风云如何变化，却丝毫改变不了它的基础。这种村社不断地以同一方式制造出来，一旦偶然遭到破坏，就会以同一方式、同一地点再度出现。这种文明有一个天然的地理屏障保护着，使它与西方文明相隔绝；周边文明又略低于中原文明一筹，这就使得中原文明像滚雪球一样愈滚愈大，逐渐被它所同化。就像牛顿第一定律所说的那样，物体在没有外力的作用下按匀速直线运动。如果不是西方用大炮和商品轰开中国的大门，中国还是照例按自己的运行轨道发展下去。这种生产方式集停滞性与牢固性于一体。

然而，中央集权制并非是一帖医治百病的膏药，维系一个社会的存在，还需要一整套与之相适应的意识形态来和它相配套。春秋战国之际的思想相当活跃，私学盛行，学派林立。然而自西汉"罢黜百家，独尊儒术"以来，儒家与道家相互对立和补充，形成了统治中国社会的主导思想。这种现象，与其说是个别统治者对某种思想的好恶，倒不如说是时代和历史对文化的取向和选择。儒家主张"大一统"，强调统一；因为只有统一，社会才能得到最终稳定。儒家主张"君君，臣臣，父父，子子"，强调尊卑秩序；社会有了秩序，人民才能得到安宁。儒家主张"己所不欲，勿施于人"，主张"仁政"；因为只有实现了仁政，人民才能有一个宽容、宽松的社会环境。儒家主张"格物致知""诚意、正心、修身、齐家、治国、平天下"；格物致知、诚意正心是为了修身，修身的目的是齐家、治国、平天下，一切以修身为本。儒学适应中国历史发展的需要，中国历史最终选择了儒学。在儒家统治中国两千年的历史格局中，逐渐形成了伦理治国的趋势。

从欧洲的历史经验来看，自然科学突飞猛进发展同资本主义生产的刺激和推动有着密切的关系。中国古代社会也有一些资本主义的萌芽，但还没等它继续萌发，中央集权制便以强本抑末的方式将其剪除。孔子不讲乱力鬼神，作为一个伟大的教育家，他特别强调要格物致知。在中国历史上，儒学一直处于统治地位，也没有出过欧洲那种用极刑处死科学家和发明家的情况。但是随着历史的选择，儒学愈来愈远离格物致知的方向发展，而偏向于人文方面去了。由于采取了科举制度，科举又以儒学为内容，所以科学家和发明家就被摒弃于仕途之外。这种情况也就抑制了中国科学技术的进步。儒家还容纳了道家的有机自然观，把天、地、人看作浑然一体，这也使得儒生们无法对自然界的客观事物作深入的具体分析。

中国的士与匠

中国古代科学技术的成就是由科学家、技师和工匠们共同创造的，他们在封建社会里处在什么地位呢？《周礼·考工记》记述了上古社会的社会分工：

"国有六职，百工与居一焉。或坐而论道；或作而行之；或审曲面执，以饬五材，以辨民器；或通四方之珍异以资之；或饬力以长地财；或治丝麻以成之。"

坐而论道，谋虑治国发布政令，是天子、诸侯的工作；作而行之，担任行政长官，执行政令的是士大夫阶层；审察五材（指金、木、皮、玉、土）曲直，制造利民器具的是所谓百工；通四方之珍异，从中取利者称为商旅；饬力以长地财者，称之为农夫；以丝麻为业的人多半是农家妇女。中国历代君主没有一位在科学技术上有所建树，中国的商人也不借助于科技的力量来谋取商业利润；中国的农民由于缺少必要的资金，很难走上科技兴农的轨道，因此中国的农具自秦汉以来没有太多的改进。中国的地主阶级则把土地看作"恒产"，他们把多余的钱不是投入到农具更新上，而是努力扩大自己的土地面积。从历史上看，对科学有贡献的是士大夫阶层里的一部分人；而技术上有所发明和发现者，大都是所谓百工之人；妇女则在纺织业上有着特殊的贡献。

在中国封建官僚社会里，科学家、技师、工匠不像在古希腊或近代欧洲那样，有着独立的社会地位。一般来讲，他们在政治和经济上都服从于封建国家。大型的水利工程和土木工程自不必说，几乎任何一种新式的复杂机械，如早期的水车和历代水力驱动的天文仪器，不是在皇家宫廷里制作，便是在地方豪门的家庭作坊里产生。这些科学家、技师有的本身就是官吏，有的是依附于官吏的食客。张衡、杜诗、蔡伦、宇文恺、李诫、苏颂、沈括、燕肃、郭守敬都是做过官的人，马钧、耿询、丁谖则是依附于豪门贵族的门人。因此，科学家们的成就往往取决于封建国家的盛衰。大体说来，封建国家国势强盛时，诸如天文学、都邑营造、车服器械等方面就会有所发展；反之，就难以有所建树。

百工的地位，要比出身于士大夫阶层的科学家低得多。《礼记·王制》中讲：

"凡执技以事上者，祝、史、射、御、医、卜及百工。凡执技以事上者不贰事，不移官，出乡不与士齿。仕于家者、出乡不与士齿。"

由于从事技艺的人与道德之事无关而沦为"贱业"，故落得"不与士齿"的下场。显然这种行业受到鄙视，许多人不安心于此，于是官府就强迫他们"不贰事"，"不移官"，不得改行，在这些行业中实行世代传承的政策。《考工记》说："知者创物，巧者述之。守之世，谓之工。"父子世以相教，父传子，子传孙，一代一代地传下去，烧窑的窑户、从丝业的机户都是如此，医学家、天文学家也是如此。百工的技艺，通过血族延嗣一代一代留传下来，不免具有浓厚的狭隘性和保守性，一旦家族绝嗣，世代辛勤积累的宝贵技艺就会濒于失传。这种恪守祖传的技术模式妨碍技术的交流，并与科学的精神背道而驰。

翻开中国史书，乱世远远多于治世。这就迫使更多的士大夫去修身、齐家、治国，没有多少人去钻研科学技术；中国的学术愈来愈内倾于人文领域，而远离于外部的客观世界。中国士大夫的太平盛世的理想虽然没有实现，却使中国的传统文化连绵不断地延续下来，形成了自己独特的文化体系。

传统文化中的科学精神

历史选择了儒家作为历代统治者的主导思想，而儒家又以天下为己任，全面地、缜密地向人伦方向演变。然而，历代统治者很少有儒生出身的,他们不过借着儒家门面维护自己的特权而已。久而久之,儒学竟畸变沦为道统的地步。这是事情的一面。另一面,在儒家的队伍里一直保持着一种独立思考、自由探讨、认真而冷静地吸取知识的优良传统。儒家创始人孔子本身就是这种传统的杰出代表。他本人"学而不厌,诲人不倦","好古敏以求之"。他有一句名言,叫作"学而不思则罔,思而不学则殆"。他是这样说的,也是这样做的。"朝闻道,夕死可矣"反映了他渴求真理的精神。汉代的王充,宋代的程颢、程颐、朱熹都继承了这种传统。朱熹首先提出《尚书》中的二十五篇古文是后人假造的,《易经》原本是用作卜筮的。没有一种科学的精神是很难作出这种判断的。

明末清初之际,正是近代科学在欧洲成熟的时代。伽利略(1564—1642年)在此时完成了《关于两种新科学的对话》,奠定了经典力学的第一、第二定律的基础。牛顿(1642—1727年)则总结了天体力学和地面上力学的成就,提出运动三定律和万有引力定律,从而完成了经典力学的理论体系。维萨里(1514—1564年)写了《人体的构造》。哈维(1578—1657年)写了《心血运动论》,建立了人体解剖学和血液循环理论。波义耳(1627—1691年)与马略特

（1620—1684年）完成了气体膨胀的定律。与此同时，顾炎武（1613—1682年）写了《音学五书》，阎若璩（1636—1704年）写了《尚书古文疏证》，颜元（1635—1704年）写了《四书正误》，戴震（1723—1777年）写了《孟子字义疏证》。这些考据大师以经学为主，旁及地理金石、天算乐历，他们以科学的怀疑精神，通过文字音韵、名物训诂的方法来达到解经治史的目的。

如果我们比较一下同时代欧洲和中国学术界领袖们的研究特征时，不难发现，他们研究的对象和方向很不相同：一个是面向客观世界，一个是面向经典巨著，这是由他们所处的不同文化环境所决定的。另一方面，在探索事物的真相方面，在工作方法和科学精神上，却有着非常显著的相似之处。这些考据家用归纳与演绎的方法确定古字古韵的通则，从而厘清了流传十几个世纪的经典的真伪。这是在没有计算机和拼音字母的帮助下，完全凭借着非凡的记忆力和持之以恒的追求真理的精神来完成的。中国的学术领袖们本来是要将研究对象推广到宇宙间的万物万事，但是必须首先要将影响全民族的道德、宗教、哲学绝顶重要的大书搞清楚，申明这些经典的原意。这是那个时代学者的神圣职责。以顾炎武、戴震、钱大昕、王念孙为代表的考据家影响了数代人，后来称之为乾嘉学派。从文化史的角度来看乾嘉学派,应具有世界性的成就。考据,作为一种研究方法,无疑在思辨上给人们增添了新的智慧。在现代条件下,中国的知识分子可以迅速地走向科学的前沿阵地,这与传统文化的智慧训练是分不开的。